TARIF

DES

DROITS DE DOUANE

ET

DE NAVIGATION MARITIME,

ET ÉTAT DES PROHIBITIONS A L'ENTRÉE ET A LA SORTIE;

Précédé et suivi d'observations sur tout ce qui a rapport à ces perceptions et prohibitions; aux produits de l'an 11; aux principaux objets dont ils ont été composés; au droit de fabrication sur le tabac et à celui de garantie;

Terminé par le tableau des importations pendant les sept premiers mois de l'an 12, en denrées coloniales, tabacs, toiles de coton, toiles peintes, mousselines et coton filé.

A PARIS,

Chez ANTOINE BAILLEUL, au bureau du *Journal du Commerce*, rue Grange-Batelière, N°. 3.

MESSIDOR AN XII. — 1804.

Conformément à la loi, deux exemplaires ont été déposés à la Bibliothèque nationale.

OBSERVATIONS PRÉLIMINAIRES.

L'AGRICULTURE et l'industrie manufacturière, qui sont les sources de la prospérité publique, étaient gênées par des entraves sans nombre : les droits de douanes, alors appelés droits de traites, existant sous diverses dénominations, et établis sur les limites, soit extérieures, soit intérieures des anciennes provinces de France, sans aucune proportion avec leurs facultés, sans égard à leurs besoins, fatiguaient, par le mode de leur perception autant que par leur rigueur même, non-seulement les spéculations commerciales, mais encore la liberté individuelle. Ces droits rendaient, depuis plusieurs siècles, différentes parties de la France étrangères les unes aux autres; ils resserraient les consommations, et nuisaient ainsi à la reproduction et à l'accroissement des richesses nationales. Il y a été pourvu par une loi du 5 novembre 1790, qui, en supprimant les bureaux intérieurs et les tarifs existans, a remplacé ces divers tarifs par un seul, dont les droits ne sont perceptibles que sur nos relations extérieures.

Ce tarif porte la date du 15 mars 1791.

Pour connaître quels étaient les droits de douanes antérieurement existans, il faut recourir au dictionnaire, en quatre volumes *in*-8°., publié en 1785 par M. Magnien, le plus ancien des administrateurs actuels de cette partie.

Ce fut d'après cet ouvrage et plusieurs autres, qu'une décision du ministre des finances, du 19 septembre 1785 l'appela à Paris, avec une pension de 3,000 fr. et un traitement proportionné à l'utilité dont pourraient y être ses services. Il fut chargé de travaux relatifs à la détermination récemment prise par le gouvernement d'opérer, dans le système des douanes, des changemens que l'intérêt général sollicitait depuis plus d'un siècle.

Le comité de commerce de l'assemblée constituante s'étant formé le 1er. octobre 1789, appela de suite à ses séances M. Magnien : un an après, il lui proposa l'une des sept places d'administrateurs qui allaient être créées; mais celle d'inspecteur-général lui parut préférable, parce que M. Delessart lui avait persuadé qu'il y rendrait des services plus importans qu'il ne pourrait le faire comme administrateur chargé d'une seule partie ou division.

Ces inspecteurs ou commissaires-généraux devaient être au nombre de deux, et correspondre directement avec le ministre : celui destiné à rester à Paris, pendant que son collègue eût vaqué à l'inspection des bureaux et brigades sur les côtes et frontières, aurait assisté aux assemblées de l'administration. On devait leur soumettre toutes les demandes qui auraient eu pour objet des changemens dans la quotité des droits, dans la législation et la régie; et comme ces commissaires, à raison des diverses fonctions par eux exercées pendant près de trente années, se seraient trouvé réunir à des connaissances théoriques très-étendues celles encore plus précieuses de l'expérience, leurs avis motivés auraient éclairé sur les avantages ou les inconvéniens des propositions émises.

Préposés par le gouvernement pour veiller à l'exécution des lois de douanes et pour faire observer la police relative aux bureaux et aux brigades; chargés en même-tems de s'opposer aux vexations que les employés auraient pu vouloir exercer contre le commerce; et entièrement indépendans des administrateurs des douanes, rien n'eût empêché ces inspecteurs de se livrer hardiment au zèle de leurs fonctions, et d'éclairer avec une égale impartialité les irrégularités des percepteurs et les manœuvres des redevables. Vérificateurs impartiaux des plaintes portées de part et d'autre, contrôleurs-nés de toutes les opérations des administrateurs, tout ce qui se fût écarté de l'esprit et de la lettre de la législation, toute violation des règles faites pour assurer à chaque employé l'avancement dû à la durée et à la nature de ses services, pourvu qu'il y réunît les talens nécessaires à l'exercice de la place à laquelle son grade lui donnait des droits, eût entré dans le domaine de leur censure. Ce dernier objet était d'autant plus spécialement recommandé à l'attention des commissaires, que des promotions non méritées détruisent toute émulation, et conséquemment paralysent un service toujours insuffisant s'il n'est exécuté avec un zèle et une activité extraordinaires; sans ces deux conditions, le sort des produits comme celui des manufactures est compromis; et ce qui n'est pas moins fâcheux, le négociant qui acquitte exactement les droits, ne pouvant entrer en concurrence avec l'individu que favorise le relâchement du service ou la séduction, est en quelque sorte forcé de recourir au même moyen.

Cependant, à peine le comité eut-il cédé au vœu de M. Delessart, qu'on reconnut combien il importait au succès de la nouvelle administration que celui qui avait proposé et discuté les tarifs comme la législation, et dont le plan d'organisation était adopté, en fût membre, et même ne s'en éloignât pas au moins dans la première année, puisque lui seul pouvait rendre compte des motifs qui avaient déterminé chacune des dispositions adoptées par le corps législatif : l'avis que MM. Rœderer, De Fermon, Dauchy et Defontenay, alors membres des comités de l'imposition et du commerce, émirent à ce sujet, fut partagé par quatre comités réunis, sur le rapport desquels un décret du 29 avril 1791, créa pour M. Magnien une huitième place d'administrateur. Il continua d'assister au comité de commerce de l'assemblée ; par suite appelé à tous ceux des sessions subséquentes, il y a été l'organe de son administration. Ces faits expliquent comment il a pu, tant en son nom qu'à celui de ses collègues, coopérer à la réforme d'une partie des dispositions inconsidérées qui avaient été décrétées en l'an 2.

Un arrêté du comité de salut public, du 10 frimaire de ladite année, avait interdit aux français presque tous les rapports commerciaux qu'ils avaient précédemment avec le reste de l'Europe, et un décret du 21 ventose suivant n'avait permis l'extraction des productions surabondantes, qu'à condition d'en rapporter la contre-valeur en objets de première nécessité, et d'obtenir une autorisation spéciale : par cette mesure, le négociant qui voulait exporter était tenu d'attendre une permission, toujours lente à venir, ou était forcé de rendre publique, et long-tems d'avance, une opération dont souvent le succès dépend de la discrétion avec laquelle elle est dirigée ; et comme celui qui envoie à l'étranger des vins, des eaux-de-vie, des étoffes, etc., n'est pas le même qui fait arriver des potasses, des laines, des huiles, etc., en contraignant un négociant à faire la double opération, on l'empêchait d'en exécuter aucune.

Dès qu'il fut permis d'espérer un changement à cet ordre de choses, l'administration des douanes le proposa au comité de commerce ; il en résulta la loi du 12 pluviose an 3, qui, en déterminant les productions dont l'exportation continuerait d'être défendue, permit, sans condition, la sortie des autres.

Bientôt cette administration provoqua de nouvelles dispositions. Elle observa que le tarif de 1791 n'avait imposé à la sortie que les bestiaux, les vins, les métiers, les laines, les cotons et quelques autres matières premières, et qu'il avait restreint les prohibitions, également à la sortie, aux bois et charbons, au tan, aux soies, à certaines espèces de peaux et de poil, au groisil et aux matières propres à la fabrication de la colle et du papier ; elle demanda que l'on se rapprochât, autant que les circonstances le permettraient, des bases de ce tarif ; elle invoqua à l'appui de son opinion les principes d'économie politique d'après lesquels, si l'on veut multiplier les produits de l'industrie agricole et manufacturière, il faut permettre l'exportation de l'excédant des besoins. Les lois contraires, dictées par des craintes exagérées ou de faux systêmes, lui paraissaient avoir paralysé l'industrie française et causé de grandes calamités, qu'il était instant de réparer. Toute prohibition à la sortie sur le superflu des richesses territoriales et industrielles, ou même sur des matières premières d'une reproduction ou d'un remplacement facile, lui semblait funeste à l'état, qui ne devait d'ailleurs jamais établir des droits de sortie tels que leur quotité mît obstacle à une exportation utile ; elle fixa l'attention sur certaines productions du nouveau territoire français, qui ne pouvant trouver de débouché favorable qu'à l'étranger, ne devaient pas être soumises aux règles générales ; enfin, la faculté de réexporter les monnaies étrangères, les laines et les cotons, lui paraissait le meilleur moyen d'en assurer l'abondance. Ces observations, appuyées par Eschasseriaux aîné, rapporteur d'une commission, amenèrent, avec le tems, les lois des 19 thermidor an 4, 24 nivose an 5, et 9 floréal an 7.

Ces détails ne sont consignés ici que pour démontrer, par des faits connus, toute l'injustice de l'imputation de fiscalité si souvent dirigée contre l'administrateur qui, jusqu'en l'an 10, fut plus particulièrement chargé de proposer ou discuter les changemens dans la quotité des droits que les circonstances paraissaient exiger.

Le même reproche que M. Garonne (page 37 de son ouvrage) vient de faire à l'administration actuelle, sous prétexte qu'elle a provoqué des droits considérables sur les denrées de nos propres colonies, n'est pas plus fondé. En effet, la nécessité de recourir à des taxes sur les consommations étant généralement reconnue, les objets les plus susceptibles de cette taxe, après le tabac, étaient sans contredit le sucre et le café. Déjà, dans un ouvrage ayant pour titre : *Commerce des français aux colonies françaises d'Amérique, dans l'Inde, aux côtes d'Afrique et au Levant*, M. Magnien avait démontré combien il avait été imprudent de sacrifier sans nécessité les 10 millions de droits, qui avant la loi du 11 septembre 1793, étaient annuellement perçus sur ces denrées, et sans qu'il se fût élevé à cet égard aucune espèce de réclamation. Si le conseiller-d'état directeur-général des douanes a proposé le rétablissement de cette imposition comme un moyen d'améliorer les finances, il a fait une chose utile ; il a également bien mérité quand il a fixé l'attention du gouvernement sur les mesures à prendre pour arrêter une contrebande qui menaçait d'anéantir l'industrie nationale et les produits de douanes. Le résultat de ces mesures a été une nouvelle preuve de la sagacité de l'homme que l'étendue de ses connaissances en douanes, les talens administratifs qui l'avaient fait connaître avantageusement dans l'exercice de deux préfectures et une activité rare, rendaient plus propre que tout autre à une place aussi importante. Au surplus, on doit à sa sollicitude d'avoir profité de quelques mois de paix pour provoquer la levée de plusieurs prohibitions à la sortie, et sans le retour de la guerre il eût sans doute fait étendre cette faveur à beaucoup d'autres objets.

Ce n'est qu'avec le tems que l'on pourra se former une opinion sur les changemens à faire au tarif des droits d'entrée ; ils dépendront du progrès plus ou moins rapide des arts. Déjà la filature du coton s'est tellement améliorée en France, que les manufactures qui emploient cette matière n'auront bientôt plus rien à désirer du côté de la finesse du fil. La multiplication des établissemens de filature, et l'aisance des entrepreneurs amèneront nécessairement dans le prix des fils une diminution qui rendra moins redoutable la concurrence des cotons filés étrangers et des toiles, à la fabrication desquelles cette matière est employée. Alors aussi nos fabriques en lainage auront retiré les fruits de l'heureuse émulation qui s'est introduite parmi nos cultivateurs pour l'amélioration des bêtes à laine de race française, par le croisement avec la race espagnole à laine fine. Ces fabriques se seront encore plus ressenties des effets de la perfection des mécaniques existantes et de la propagation des machines servant à ouvrir, carder et filer la laine, tirer à poil et tondre les draps, que M. Douglass vient d'exécuter en France, où elles étaient inconnues. D'après le rapport de M. Costaz, vice-président de la société d'encouragement pour l'industrie nationale, chargé, avec Messieurs Conté et Molard, de constater l'utilité de ces mécaniques, le cardage de la laine s'exécute par une de ces machines, avec autant de célérité que se fait le cardage du coton. La machine à filer la laine est aussi parfaite. Les métiers à tisser de cet artiste sont supérieurs à ceux connus, et sa machine à lainer, essayée par M...... dans les fabriques de Sedan et Rheims, donnera aux manufacturiers qui en feront usage un grand avantage sur les autres. C'est M. Regnaud (de Saint-Jean-d'Angely) qui, dans la séance du conseil d'administration de la société, du 11 brumaire an 11, a le premier appelé l'attention des membres de ce conseil sur l'utilité dont pouvaient être les procédés de M. Douglass; M. Decretot partageait son avis.

L'introduction de ces machines fera époque dans l'histoire du commerce français, en ce qu'elle aura mis nos manufactures en lainages à portée de soutenir, sans lois prohibitives, la concurrence de rivaux qui, à l'aide de pareilles mécaniques ou d'autres analogues, avaient obtenu sur notre industrie en ce genre une supériorité bien fâcheuse. En favorisant cette introduction et en accordant à M. Douglass les fonds nécessaires à son entreprise, S. E. le ministre de l'intérieur a ajouté aux droits qu'il avait déjà acquis à la reconnaissance nationale. La société d'encouragement en engageant ce ministre (qui la préside et la seconde de tous ses moyens) à fournir ces fonds; en subvenant elle-même aux premières avances; en chargeant des commissaires aussi distingués par leur zèle que par leurs talens de surveiller les différens travaux de M. Douglass, aura ainsi participé directement et activement à un établissement de la plus grande importance.

Nul doute que les moyens adoptés par cette société pour accélérer les progrès de l'industrie française, n'aient des résultats également avantageux pour d'autres branches de fabrication. Les prix qu'elle accorde excitent les artistes soit à créer des instrumens ou des procédés dont les arts sentent le besoin, soit à perfectionner ce qui est déjà connu. L'instruction qu'elle répand augmente dans la classe industrieuse la somme des connaissances, et l'excite principalement à rechercher ceux des procédés qui, simplifiant les opérations, rendent la fabrication moins coûteuse.

Aussitôt que les vues de cette société, dont la première assemblée s'est tenue le 9 brumaire an 10, ont été connues, les hommes qui prennent le plus d'intérêt à la prospérité nationale se sont empressés de concourir à son noble objet. La liste comprend Sa M. Impériale, l'archi-chancelier et l'archi-trésorier de l'empire; des ministres, la plupart des membres du sénat, du conseil-d'état, du corps législatif et du tribunat; nombre de préfets, de généraux, et quantité d'autres citoyens de diverses classes, et dont la majeure partie a des connaissances utiles et distinguées dans les arts, les manufactures et le commerce.

L'administration des douanes, qui sentait combien les travaux de la société d'encouragement pouvaient, avec le tems et de la persévérance, contribuer à rendre la garde des frontières moins difficile, s'est présentée pour en faire partie aussi-tôt qu'elle a eu connaissance du projet de sa formation. On voit figurer dans la liste de ses membres, le conseiller-d'état directeur-général, les quatre administrateurs, les directeurs de Strasbourg, Voghère, Nantes, la Rochelle, Besançon, Perpignan, Clèves, Cologne et Mayence; le directeur de correspondance des perceptions au bureau central, les receveurs principaux de Bordeaux et Cologne, et l'inspecteur de Neuss.

L'administration des douanes et ses employés auront fait tout ce qui est en eux pour seconder les vues de la société et les efforts du gouvernement, s'ils maintiennent le service des lignes dans le degré d'activité où il se trouve. Alors l'industrie étrangère sera repoussée de notre territoire pendant le tems qui est nécessaire aux fabriques françaises pour réparer leurs pertes et consolider leurs établissemens, de manière à ce que les entrepreneurs n'aient plus à redouter qu'un sacrifice momentané, fait par une nation rivale, ne les replonge dans l'état d'inertie qui leur a été si fatal.

En attendant le résultat de tous ces soins, S. E. le ministre de l'intérieur a invité, par lettre du 21 nivose dernier, les chambres de commerce à examiner le tarif actuel, tant sous les rapports de l'agriculture, de l'industrie, des manufactures et du commerce, que comme branche de revenu public. Ces chambres devront reviser chaque article, et par une discussion raisonnée et approfondie, appuyée sur des faits et renfermant des détails circonstanciés, établir les réformes, changemens et améliorations qu'elles croiront nécessaires. Nous ne doutons pas que les chambres ne se livrent à cet examen avec d'autant plus de zèle qu'elles sont bien persuadées que le ministre se fera un devoir de distinguer honorablement celles qui s'en seront montrées dignes, en se dirigeant par les seules vues d'intérêt public.

Nous avons pensé qu'une édition du tarif au courant faciliterait leur travail, et cette considération nous a suffi pour l'entreprendre.

Les chambres y verront que les droits actuels d'entrée n'excèdent ceux fixés en 1791 que sur les tabacs en feuilles, les denrées coloniales étrangères, les toiles peintes et teintes, les toiles de coton, y compris les mousselines; le charbon de terre, les armes blanches; quelques espèces de cuivre ouvré; les savons, les cornes claires, celles plates, l'eau-forte, l'esprit de soufre, le sel ammoniac, l'eau-de-vie et les liqueurs.

Il ne leur échappera pas que les motifs de cette augmentation sont, relativement aux tabacs, sucre et café, qu'étant de grande consommation sans être de première nécessité, et leur importation, principalement celle des sucres et cafés, étant très-nuisible, puisqu'elle nous enlève une portion assez considérable de numéraire, ils étaient susceptibles d'une imposition extraordinaire; pour les toiles, le besoin de procurer à la main-d'œuvre nationale un aliment dont elle était privée par l'importation toujours croissante des toiles étrangères, dont la presque totalité provenait de fabrique ou du commerce anglais; à l'égard du charbon, la nécessité de favoriser l'exploitation de nos mines, contrariée par l'importation des charbons d'Angleterre; relativement aux armes, cuivres et savons, l'impossibilité où se trouvaient les manufactures de Klingenthall, Romilly et Marseille, de soutenir la concurrence de celles étrangères; pour les cornes, l'eau-forte, l'esprit de soufre et le sel ammoniac, l'importance d'en multiplier les fabriques; enfin, relativement à l'eau-de-vie et aux liqueurs, la justice qu'il y avait à favoriser nos vignobles.

La diminution dans la quotité des droits d'entrée fixés par le tarif de 1791 sur l'indigo, la couperose verte et l'aigre de vitriol, a eu pour motif que ces espèces de drogueries servent essentiellement à nos fabriques; la réduction du droit relatif au thé, le grand usage que les habitans de la ci-devant Flandre hollandaise et des départemens maritimes voisins sont obligés d'en faire pour atténuer l'insalubrité de l'air; celle sur le stockfiche, que ce poisson est, principalement dans les pays réunis et conquis, la principale nourriture du pauvre; enfin, pour les toiles de chanvre et de lin, que, depuis la réunion de la Belgique, nos fabriques en ce genre ne craignent plus la concurrence de l'étranger.

Il ne peut qu'être utile de faire connaître quels ont été jusqu'à présent les produits des droits de douane, et les objets principaux sur lesquels ils portent.

Produit net des droits de douane en 1791 et 1792, et des droits de douanes et de navigation maritime depuis l'an 5.

Années.	*Produits.*
1791	16,476,875 fr.
1792	12,632,141
An 5	15,317,934
6	12,413,250
7	9,532,370
8	14,064,318
9	18,886,055
10	30,941,024
11	37,023,812

Le produit des sept premiers mois de l'an 12 n'est pas beaucoup au-dessous de celui des pareils mois de l'an 11.

Dans les recettes brutes de l'an 11, les droits de navigation entrent pour 1,763,582 fr.

Les cafés y figurent pour 6,757,829 f.; le sucre brut pour 7,711,870 f.; les sucres terrés et rafinés pour 6,914,906 f.; les tabacs en feuil. p. 3,965,146 f.; les toiles de coton blanches pour 2,664,848 f.; les toiles peintes et imprimées pour 866,678 f.; les mousselines unies pour 620,993 f.; les mousselines brodées pour 289,987 f.: total pour les cafés, sucres, tabacs et toileries, 29,791,460 f.

Nota. Le produit du droit d'entrée sur les tabacs, qui, en l'an 10, s'est élevé à 5,995,493 f., étant beaucoup moindre en l'an 11, il est bon d'observer que cette diminution sera couverte en l'an 12, puisque les tabacs mis en consommation dans les six premiers mois de cette année ont acquitté, en droits d'entrée, près de 3,500,000 fr.

En lisant l'adresse du collége électoral du département du Haut-Rhin, annonçant à S. M. I. qu'il a nommé premier candidat au sénat-conservateur M. Félix Desportes, préfet, nous avons été frappés de l'un des motifs donnés à ce choix.

« A peine (porte cette adresse) deux années se sont écoulées depuis que ce magistrat respectable et chéri réside parmi nous, et tout a pris une nouvelle vie; *l'industrie se relève par l'heureuse impuissance où les contrebandiers se trouvent de réaliser leurs criminelles spéculations, etc.* »

Pour la prospérité de l'empire français, à laquelle la stricte exécution des lois de douane peut puissamment contribuer, nous formons un vœu; c'est que les administrés des rives et frontières depuis l'Escaut jusqu'au Léman partagent, sur le tort qu'occasionne la contrebande, l'opinion des habitans du département du Haut-Rhin.

TARIF DES DROITS DE DOUANE A L'ENTRÉE.

Objets absolument exempts de droits à l'entrée.

BESTIAUX. — Grains (riz compris). — Habillemens des voyageurs, ayant servi, qui n'excèdent pas le nombre de 6, et histoire naturelle destinée pour le Muséum.

Marchandises exemptes de droits d'entrée, mais qui, d'après la loi du 24 nivose an 5 paient, au choix du redevable, 15 cent. par 100 fr. de valeur, ou 51 cent. par quintal décimal.

A.

Albâtre — amurca ou marc d'olive — anatrum — arbres en plants — argent et or en masse, lingots et espèces, et en bijoux cassés — argenterie étrangère vieille, quoique non cassée, et argenterie neuve au poinçon de France — argile ou terre glaise — aulne *(écorce d')* — autruche en poil, ploc et duvet — avelanède ou valanède.

B.

Bateaux, barques, canots et autres bâtimens de mer hors d'état de servir — battin non ouvré — beurre, biscuit de mer — bois à bâtir et à brûler — de construction navale et civile, en planches et madriers — bois de gayac en bûches — bois merrain — bois à tan — bois de teinture en bûches ou éclisses — boules de terre — bourdaine — bourre et ploc de toute sorte — brou ou écorce de noix.

C.

Caillou à faïence ou porcelaine — calamine ou cadmine — caractères vieux d'imprimerie en sac ou bloc — carreaux de pierre — carton gris ou pâte de papier — castines — cendres à l'usage des manufactures, comme cendres communes, d'orfévre et de chaux — chairs salées — chanvre, même apprêté ou en filasse — charbon de bois et de chenevotte — chardons à drapiers et bonnetiers — chevaux autres qu'anglais — cheveux — ciment — coco *(coques de)* — coquillages d'histoire naturelle — coquillages de mer — cordages usés — coris — cornes de moutons, beliers et autres communes, ce qui comprend les cornes rapées ou clapons — cuivre rouge brut, fondu en gâteau ou plaque, lingot, rosette et mitraille rouge de toute espèce — cuivre jaune en mitraille.

D.

Derle ou terre de porcelaine — dibidivi.

E.

Eaux minérales, sauf le droit sur les bouteilles — échantillons de gants et de bas de soie dépareillés, et n'excédant pas le nombre de trois — écorce à faire du tan — écorce de grenadier — écorce de tilleul pour cordage — effets à l'usage des voyageurs — engrais de toute sorte pour les terres — éponges servant à la fabrication de l'amadou — étoupes de chanvre et de lin.

F.

Farines, excepté celle d'avoine — fer en gueuse — ferraille et vieux fer — feuilles de houx, de myrte, de noyer, et autres propres à la teinture et aux tanneries — feuilles de lierre — fil de mulquinerie et fil de linon — foin et herbes de pâturages — fruits cruds non dénommés au tarif — fumiers — fustel *(feuilles et branches de)* — futailles vuides ou en bottes.

G.

Galles légères — galons vieux pour brûler — garance verte — garouille — gaude — gazettes et journaux — genestrole — gibier — gommes de cerisier, abricotier, pêcher, prunier, olivier, et autres communes pour la chapellerie — graine d'esparcette et autres, propres à semer dans les prairies; de genièvre, de jardin, de légumes et de fleurs de myrtille, d'avignon — graine jaune — graine de vers à soie — graisses de toute sorte — gravelle — groisil — gruau de blé noir.

H.

Héliotrope — herbages frais — herbes propres à teinture, non dénommées au tarif — herbe de maroquin, herbe jaune — herbe de pâturage — histoire naturelle — houblon.

J.

Jais brut — jus de citron et de limon.

L.

Laines non filées — laines en bourre — laiton en lingots ou mitraille — lard frais — légumes verds — librairie en langue étrangère ou savante — lichen — lie de vin — limaille de cuivre — lin crud, tayé ou apprêté — linge vieux ou drilles — linge de corps, comme caleçons et chemises, dans une quantité relative au nombre des habits dont l'entrée est permise.

M.

Machefer — malherbe — manganèse — marc d'olive — mâts pour vaisseaux — médailles — mines de fer — momies — munitions de guerre de toute sorte.

2

N.

Nerprun — nerfs de bœufs et autres animaux.

O.

Œufs de volaille et de gibier — oignons de fleurs — or brûlé — oreillons — orseille, même apprêtée — os de bœufs et autres animaux — osier en bottes.

P.

Paille — pain de navette, lin et colza — parchemin neuf et brut, et en rognures — pastel ou gueïde — pastel d'écarlate — pavés — peaux en verd et peaux de veaux sèches, en poil — peaux et poils en masse et non filés de castor et de loutre, de lièvre et de lapin — pennes ou paines de laine et de fil — pérelle, même apprêtée — Périgord ou Périgueux — perles fausses ou fines non montées — pierres à bâtir — pierre de choin, même taillée sans être polie — pierres fausses ou fines, même montées — pierres à plâtre — pierre savonneuse — plâtre — poil, ploc ou duvet d'autruche — poil de chèvre, de chameau, de bouc et de chevreau, non filé — poil de chien filé — poisson d'eau douce frais — potasse — pozzolane — pressure.

R.

Racine de thimélée — redon — redoul (*feuilles de*) — rogues ou resures de morue — rosnas — roseaux ordinaires et à l'usage des toileries — ruches à miel.

S.

Safran bâtard ou safranum — semoule (*Décision du 15 thermidor an 10.*) — son — soude, soufre brut ou vif — soie en cocons et bourre de toute sorte — spalt — stuc — suif — sumac — suie de cheminée.

T.

Tableaux sans bordure — talc, même de Moscovie, ou mica — tan — terre d'ombre, de Lemnos, rouge, rubrique, terre moulard, à pipe et sigillée — tourbe — tourne-sol en pain, pierre ou morelle en drapeaux — toutenague ou zinc.

V.

Verre cassé — verre de Moscovie — volaille.

DROITS D'ENTRÉE, et quotité de ces droits, non compris le décime par franc.

Nota. Quand il n'est point énoncé que le droit sera perçu à la valeur, au nombre, à la mesure ou à la livre métriques, il est dû au quintal décimal, composé de 10 myriagrammes, qui font 204 livres ancien poids, ou 100 kilogrammes.

Par *livre*, on doit entendre une livre métrique, et par *once*, une once métrique ou un hectogramme.
Le droit est dû au brut, si le mot *net* n'est point exprimé.
A signifie loi du 9 floréal an 7; B, celle du 8 floréal an 11; C, celle du 22 ventose an 12.

A.

	fr.	c.
Absynthe, herbe, le quintal décimal		51
Acacia, drogue	12	24
Acaja ou Prunes de Montbain.	2	4
Acajou (*noix d'*)	3	6
Acier non ouvré et acier fondu	3	6
Acier en feuille ou en planche.	10 p. % de la valeur.	
Acier autrement ouvré. (Voy. Ouvrages).		
Acorus, vrai ou faux	3	6
Aes-ustum ou Cuivre brûlé.	3	6
Agaric, autre que celui ci-après	8	16
Agaric entrochique	15	30
Agnus-castus (*graine d'*)	4	8
Agraffes de fer	10 p. % de la valeur.	
Agrès ou Apparaux de navires	10 p. % de la valeur.	
Aigle (*pierre d'*)	2	4
Aigre, Esprit ou Huile de vitriol ou Acide vitriolique.	20	40
Aiguilles (à Mercerie.)		
Ail		51
Aimant (*pierre d'*)	2	4
Airain (Voyez Bronze).		
Alisari (V. Garance sèche).		
Alkecange, baies et feuilles.	2	4
Alkerme ou Ecarlate	1	2
Allière (*graine d'*)	1	2
Alumettes	1	22
Aloès	8	16
Alpagates, ou Souliers de corde	1	50 les 12 paires
Alpiste ou Millet	1	2
Alquifoux	1	2
Alun, excepté celui ci-après.		51
Alun brûlé ou calciné	30	60
Amadou	6	12
Amandes en coques	2	4
Amandes cassées	4	8
Ambre gris et liquide	30	60 la liv. net.
Ambre jaune	18	36
Ambrette ou Abelmosc	5	10
Amiante		51

	fr.	c.
Amidon...................	10	20
Ammomum ou racemosum ou verum............	15	30
Ammoniac. (Voyez Sel).		
Ammy.................	4	8
Anacardes..............	6	12
Anchois................	18	36
Ancres de fer............	3	6
Anes ou Anesses..........		25 la pièce.
Angélique (*graines, racines et côtes d'*)............	8	16
Anis verd (*graine ou semence d'*)............	6	12
Anis étoilé, Badiane ou Anis de la Chine..............	10	20
Antale ou Antalium, coquillage.................	3	6
Antimoine crû............	3	6
Antimoine préparé........	8	16
Antolphe de girofle........	30	60
Antore ou Antora.........	2	4
Appios ou fausse Angélique.	5	10
Apocin (*graine d'*)........		51
Arcanson ou Brai sec......		51
Arco ou Potin gris.........	9	18
Ardoise ordinaire, pour couverture de maisons.......	3 le mille en nomb.	
Ardoise en table...........	2	50 le c. en n.
Aréca ou Areque..........	5	10
Argent faux ou Cuivre argenté, et Argent faux en lames, en feuilles, trait ou battu. ..	102	
Argent faux, filé sur fil ou filé faux...............	163	20
Argent fin en trait, en lames, en feuilles, battu et filé...	24	48 } la liv. net.
Argenterie de toute sorte (excepté celle vieille étrangère et celle neuve au poinçon de France, revenant de l'étranger, qui sont exemptes)...	24	48 } la liv. net.
Argent vif ou Mercure.....	6	12
Argentine (*graine*)........	1	2
Aristoloches..............	3	6
Armes blanches, (*B*).......	200	
à feu...	73	44
Arsenic.................	1	2
Asclépias ou contrayerva bl.	8	16
Aspalatum (V. Bois d'aloès).		
Asphaltum ou Bitume de Judée....................	10	20
Assa fetida ou Stercus diaboli.................	6	12
Avelines ou Noisettes......	3	6
Aventurines...............	5 p. % de la val.	
Avirons de bateaux, le cent en nombre............	1	
Aulnée ou Enula campana. (*Racine d'*)..........		51

	fr.	c.
Avoine. (*Gruau ou farine d'*)	3	6
Autour...................	20	40
Azarum..................	1	2
Azur de roche fin ou Lapis lazuli, au net............	122	40
Azur en poudre ou Email....	6	12
B.		
Baies de laurier...........	1	53
Balais de bouleau, et autres communs..............	5 p. % de la val.	
Balaustes fines et communes..	5	10
Baleine coupée et apprêtée...	61	20
Baleine en fanons..........	30	60
Balles de paume...........	12	24
Bambous.................	12 p. % de la val.	
Bandes de roues. (comme Fer en verges.)		
Bandoulières ou Baudriers. (Prohibés).		
Bangue..................	6	12
Barbotine ou Semen contra...	10	20
Barbues et Barbançons. (comme Poterie de terre.)		
Bardane. (*racine de*).......		51
Bas. (V. Bonneterie.)		
Basin. (Prohibé.)		
Batistes. (V. Linons.)		
Bâts, Selles grossières, la pièce.		50
Bateaux du Rhin, neufs.....	10 p. % de la val.	
Bâtimens de mer en état de servir.................	2½ p. % de la val.	
Battefeux. (à Mercerie.)		
Baume, la livre net.		
du Pérou, noir, liquide, sec, de Tolu et de la Mecque..	2	55
du Canada.............	1	2
de Copahu.............		51
Bdelium.................	12	24
Ben, (*noix de*)............	12	24
Benjoin de toute sorte......	20	40
Besoard ou Pierre de fiel, au net....................	122	40
Bétel. (*feuilles de*)........	20	40
Beurre de nitre et de salpêtre.	6	12
Beurre de pierre. (V. Kamine mâle.)		
Beurre de Saturne.........	5	10
Bière, les 2 hectolitres 68 litres 1/10, équivalant au muid de Paris, de 144 pots, formant 288 pintes.........	10	
Bijouterie de toute sorte.....	12 p. % de la val.	
Bimbloterie. (comme Mercerie.)		
Bismuth ou Etain de glace...	2	4
Bisnague ou Visnague (*taille de*)....................	12	24

	fr.	c.
Bistorte	1	53
Bistre	1	55
Bitumes, non dénommés au présent tarif	2	4
Blancs à l'usage des femmes	48	96
Blanc de plomb en écaille	12	24
Blanc de baleine	50	60
Bleu de Prusse	61	20
Bois d'acajou et de marqueterie. (B)	15	
Bois de buis	2	4
Bois d'éclisses, pour tamis, seaux, cribles, etc.	5 p. % de la val.	
Bois feuillards pour cercles ou lattes, etc.		25 le mil. en n.
Bois de miroirs non enrichis. (à Mercerie.)		
Bois ouvrés de toute sorte	15 p. % de la val.	
Bois sciés, importés par les départemens de la Lys, de l'Escaut et des Deux-Nèthes	10 p. % de la val.	
Bois d'aloès ou Aspalatum de baume, ou Xile balsamum	40	80
Bois néphrétique, au net	51	
Bois tamaris	15	30
Bois de crable	50	60
Bois de Rhodès, à l'usage des parfumeurs	10	20
Bois de sental citrin, au même usage	20	40
Bois de teinture moulu. (A)	10	
Boîtes de bois blanc	15	30
Boîtes ferrées, Boîtes de sapin peintes. (à Mercerie.)		
Boîtes ou tabatières de carton, de papier	183	60
de cuir. (Prohibées.)		
Bol d'Arménie	4	8
Bonneterie. (Prohibée.)		
Borax brut ou gras	6	12
Borax purifié et rafiné	25	50
Bouchons de liége	24	48
Bougettes. (à Mercerie.)		
Bougies de spermaceti ou Blanc de baleine	61	20
Bougran. (V. Toile gommée.)		
Boules de mail	8	16
Bourgeons de sapin	1	53
Bourses de cuir, de fil et de laine. (à Mercerie.)		
Boutargue	6	12
Bouteilles de grès. (comme Poterie de terre.)		
Bouteilles de verres pleines; pour le verre	4 le cent en n.	
Boutons. (Prohibés) excepté ceux de coco et ceux de manches d'étain et autres métaux communs. (à Mercerie.)		

	fr.	c
Brai gras. (V. Goudron.)		
Briques, tuiles, le millier en n.		75
Briquets limés. (à Mercerie.)		
Bronze ou Airain, et tout métal non-ouvré, allié de cuivre, d'étain ou de zinc	12	24
Bronze ouvré. (Prohibé.)		
Brosserie. (à Mercerie.)		
Bruyères à faire vergettes		51
Brun rouge ou rouge brun		51
Burail de Zurich	142	80

C.

	fr.	c
Cacao et épluchures de cacao, au net. (B)	75	
Cadrans d'horloge et de montre. (à Mercerie.)		
Cachou (*suc de*)	24	48
Café, au net. (B)	75	
Calamine blanche. (V. Pompholix.)		
Calamus verus, aromaticus ou amarus	4	59
Calcantum ou Vitriol rubifié colchota	4	59
Calebasse de terre, plante	1	2
Calebasse, courge vidée et sèche	6	12
Camomille (*fleurs de*)	6	12
Camphre brut et rafiné	12	24
Canelle blanche. (V. Costus doux.)		
Canelle de Ceylan, au net. (B)	3	6 la livre.
Canelle commune, *idem*	1	53 la livre.
Canéfice	14	28
Cannes ou joncs non montés	51	
Cantharides (*mouches*)	30	60
Caparaçons	15 p. % de la val.	
Capillaires	6	12
Câpres de toutes sortes	12	24
Câprier (*racine de*)	6	12
Carabé. (V. Ambre jaune.)		
Caractères d'imprimerie en langue française	81	60
Caractères en langues étrangères	40	80
Cardamomum, au net	61	20
Cardes à carder	9	18
Caret. (V. Écailles.)		
Carline ou Caroline, ou Caméléon	4	8
Carmin fin	28	56 la livre.
Carmin commun	16	32
Carpobalsamum	12	24
Carreaux de terre		75 le mil. en n.
Carrobe ou Carrouge		51
Cartami (*graine de*)	3	6
Cartes géographiques	5 p. % de la val.	

	fr.	c.	
Cartons de toute espèce.....	48	96	
Carvi ou Carvi semen......	6	12	
Casse. (B)................	9		
Casse confite..............	30	60	
Cassia lignea. (comme Canelle commune.) (B)			
Castoreum, au net.........	91	80	
Catapuce ou Palma-christi...	6	12	
Cendres bleues et vertes, à l'usage des peintres, au net..	81	60	
Cendres de bronze..........	6	12	
Cerf (*os de cœur de*).......	20	40	
Cerf (*moële*, *nerf*, *vessie de*)	6	12	
Cerf (*esprit*, *sel*, *huile de*)...	6	12	
Céruse en pain et en poudre..	8	16	
Cétérac, espèce de Capillaire.	1	2	
Cevadille (*graine de*).......	4	8	
Chaînes de fer. (*grosses*) (comme Serrurerie.) (Prohibé.)			
Champignons secs..........	30	60	
Chandelles de suif..........	6	12	
Chapeaux de castor et demi-castor..................	6		la pièce.
de toute espèce, en poil commun ou laine.......	3		la pièce.
de paille, autres qu'anglais.	4		la douz.
de cuirs. (Prohibés.)			
d'écorce de bois et de crin.	2	50	la douz.
Chapelets de bois et de rocaille. (à Mercerie.)			
Chapeaux, marc de rose.....		51	
Charbon de terre : (B)			
le tonneau de 10 q. 77 liv., importé par l'Océan, de St.-Jean-de-Luz aux Sables-d'Olonne, inclusivement..	8		
des Sables-d'Olonne à Rhedon, inclusivement ..	10		
de Rhedon à Tréport, inclusivement	8		
de St.-Vallery-sur-Somme jusqu'à la Canche.....	10		
d'Etaples à Anvers	15		
par tous les ports de la Méditerranée...........	10		

Ces droits doivent être perçus par tonneau, lorsque la totalité du chargement est en charbon, et d'après la pesée réelle, à raison de 10 q. 77 l. pour un tonneau, si le navire est chargé de marchandises sujettes à différens droits.

	fr.	c.	
Importé par terre, le baril de 120 livres.....		10	
Chaux à brûler, les 15 mètres 572 millimètres cubes.....		50	
Chicorée moulue..........	5 p. % de la val.		
Chiens de chasse...........		50	la pièce.
Chocolat et cacao broyé et en pâte, au net...........	102		
Chouan ou Couan..........	51		
Chou-croûte..............	4	8	
Cidre, 2 hectolitres 68 litres $\frac{1}{50}$, correspondant au muid de Paris, de 144 pots........	6		
Cinabre naturel et artificiel..	20	40	
Cire blanche, non-ouvrée....	61	20	
ouvrée........	81	60	
Cire jaune, non-ouvrée.....	6	12	
ouvrée........	48	96	
Cire à cacheter............	97	92	
à gommer, à l'usage des tapissiers...........	12	24	
pour souliers..........	61	20	
Citouard. (Voyez Zédoaire.)			
Civette..................	122	40	la liv. au n.
Cloches, Clochettes, Mortiers de fonte et de métal. (Proh.)			
Cloporte.................	30	60	
Cobalt ou Cobolt...........	2	4	
Cochenille, même en grabeau.	4	8	
Coco (*noix de*)...........	12	24	
Coffres non-garnis. (à Mercerie)			
Colle, excepté celle ci-après..	12	24	
Colle de poisson...........	40	80	
Colliers de perles et de pierres fausses. (à Mercerie.)			
Colophone ou Colophane.....		51	
Coloquinte...............	6	12	
Compas. (à Mercerie.)			
Confections. (Prohibées.)			
Confitures de toute sorte. (B)..	70		
Contrayerva..............	10	20	
blanc. (V. Asclépias.)			
Coques du Levant..........	8	16	
Coquilles de nacre non-travaillées..................	18	36	
Corail non-ouvré, en fragmens.	20	40	
ouvré.........	15 p. % de la val.		
Corail de jardin. (V. Poivre.)			
Coraline ou Mousse marine...	4	8	
Cordages de jonc et de tilleul.	2	4	
Corderie (*ouvrages de*)......	8	16	
Cordes à violon. (comme Mercerie fine.)			
Cordonnets de fil. (comme Rubans de fil.)			
Cordonnerie (*ouvr. de*) (Proh.)			
Cordons de laine et de fil de chèvre mêlés. (V. Rubans.)			
Coriandre (*graine de*)......	1	53	
Cornes de bœufs ou de vaches,		25	le m. en n[illegible]
Corne de cerf et de snac.....	2	55	
de cerf rapée.........	4	8	
rondes, à faire peignes.	3	6	
brûlées et ébauchées,			

	fr.	c.
pour manches de couteaux. (comme celles rondes.)		
Cornes plates, à faire des peignes. (B)	24	
Cornes en feuillets transparens, par cent quatre feuillets, (B)		
de 19 à 24 centimètres de longueur, sur 19 à 22 de largeur	8	
de 14 à 16 centimètres *idem*, sur 11 à 14 *idem*	6	
de 11 à 14 centimètres *idem*, sur 11 *idem*	4	
de 11 centimètres et au-dessous *idem*, sur 11 et au-dessous *idem*	3	
Cornes de licornes	6	12 la livre.
Cornets à jouer, de corne ou de cuir. (à Mercerie.)		
Cornichons confits	8	16
Costus indicus et amarus, au n.	122	40
Costus doux, ou Canelle blanche	8	16
Coton filé venant des pays avec lesquels la France n'est point en guerre, par kilogramme. (C)		
jusqu'au n°. 30 inclusivement	4	
du n°. 31 à 60	4	50
du n°. 61 à 100	5	
du n°. 101 et au-dessus, indéfiniment	6	
Coton en mèche de lampe	10 p. % de la val.	
Coton en laine. (C)	1	
Couleurs à peindre, de toute sorte, en sacs, en vases, en boîtes et en tablettes	14	28
Couperose blanche ou bleue	15	30
verte	5	10
Coutellerie (*ouv. de*) (Prohib..)		
Coutils, autres que ceux ci-après	81	60
Coutils rayés, peints ou teints en telle partie que ce soit. (comme Toiles peintes ou teintes.) *Décision du 1er. ventose an 12.*		
Couvertures de soie, de filoselle et fleuret	204	
de coton ou de laine.	102	
de ploc et autres basses matières	48	96
Crasse de cire	3	6
Crasse ou Pierre de sel	3 p. % de la val.	
Craie ou Alana	1	2
Crayons en pastel, et autres de toute sorte	10	20

	fr.	c.
Crayons noirs	1	2
Crême ou Crystal de tartre	9	18
Crêpes de soie de toute sorte.	9 la p. de 11 mètres 88 centimètres.	
Creusets d'orfévres, ou propres aux monnaies. (comme Poterie de terre.)		
Crin frisé ou uni	4	8
Crystal de roche non ouvré	30	60
ouvré (Prohibé.)		
Cruches de grès. (comme Poterie de terre.)		
Cubèbe ou Poivre à queue	4	8
Cuirs bouillis. (Prohibés.)		
Cuirs et Peaux. (V. Peaux.)		
Cuirs secs en poil, la pièce (B).		25
Cuirs ouvrés (Prohibés.)		
Cuivre jaune. (V. Laiton.)		
Cuivre en chandeliers, flambeaux, mouchettes, tire-bouchons, et autres ouvrages de même espèce. (à Mercerie.)		
Laminé, pour doublage de navire et à fonds de chaudières, barre à cheville, cloux de cuivre rouge durcis au gros marteau; cloux de cuivre allié pour doublage et pentures de gouvernail (B).	75	
Ouvrés, de toutes autres espèces que ceux ci-dessus. (Prohibés).		
Cumin	2	4
Curcuma. (V. Terra merita.)		
Cyperus (V. Souchet.)		

D.

	fr.	c.	
Dattes	4	8	
Daucus (*graine de*) ou Semen d'anci	10	20	
Dégras de peaux	10	20	
Dentelles de fil et de soie	30	60	la l. net.
d'or fin	122	40	la l. net.
d'argent fin	81	60	la l. net.
d'or et d'argent faux	24	48	la l. net.
Dentelle grossière de fil fabriquée aux environs de Nimègue	10 p. % de la val.		
Dents d'éléphans ou morfil	10	20	
de loup (V. Loup.)			
Dez à coudre, autres que d'or et d'argent, et dez à jouer. (à Mercerie.)			
Dictame ou Radix dictami, en feuilles	4	8	

	fr.	c.
Dominoterie. (comme Mercerie.)		
Dragées de toute sorte......	30	60
Draperies ou Etoffes de laine. (Prohibées.)		
Draps et étoffes de coton. (*id.*)		
Duvet de cigne, d'oie et de canard...............	30	60

E.

	fr.	c.
Eau de cerise (V. Kirschwaser.)		
Eau-de-vie, autre que de vin. (Prohibée.)		
Eau-de-vie simple. (A)......		15 le litre.
double et rectifiée, au-dessus de 22 degrés, jusques et compris 32. (A).......		30 le litre.
(au-dessus de 32 d. c'est de l'esprit-de-vin.)		
Eau-de-vie d'Andaye. (comme Liqueur.)		
Eau-forte..................	20	40
Eaux médicinales et de senteur, au net............	61	20
Eau de fleur-d'orange, même droit.		
Ecaille d'ablette...........	2	4
Ecailles de tortue de toute sorte. (B)...............	45	
Ecarlatte (*graine d'*)........	1	2
Ecorces de citrons, d'oranges et bergamotes......	8	16
de câprier.........	6	12
Ecorces de coutilawan......	12	24
de gayac..........	1	53
de mandragore ou faux gens-eng...	18	36
d'orme pyramidal..	2 ½ p. % de la val.	
de simarouba......	15	30
de tamaris........	6	12
Ecritoires simples (à Mercerie).		
Ecume de verre. (V. Anatrum)		
Ederdon ou Edre-don, ou duvet de l'Eider............	2	4 la livre.
Ellebore noir ou bl. (*racine d'*)	4	8
Email brut................	12	24
ouvré..............	91	80
en poudre. (V. Azur.)		
Emeril en poudre et en grains.	1	2
Emporte-pièces. (à Quincaillerie fine.)		
Encens commun ou galipot.		51
fin ou Oliban.......	10	20
Encre à écrire.............	24	48
de la Chine.........	81	60
à imprimer et en taille-douce..........	12	24

	fr.	c.
Enula campana (V. Aulnée.)		
Eperons communs. (à Mercerie)		
Epingles blanches..........	61	20
Epithimes ou Cuscutes......	4	8
Epiceries non dénommées...	10 pour % de la val.	
Eponges fines..............	51	
communes, dont la valeur du quintal n'excède pas 300 fr.	6	12
Escajolles.................		51
Esprit ou Essence de bergamotes et de citrons......	1	53 la livre.
de girofle...........	4	8 la livre.
de nitre et de soufre..	20	40
Esprit de sel..............	30	60
Esprit ou Essence de térébentine...................	6	12
Esprit de vin. (A)..........		45 le litre.
Essaie.....................	1	2
Essence ou Quintescence d'anis, au net............	204	
Essence de canelle.........	146	88 la liv. net.
de romarin et autres semblables, au net.	81	60
de rose ou Rhodium.	48	96 la liv. net.
Estampes de toute sorte......	15 p. % de la val.	
Esule (racine médicinale)...	1	2
Etain non ouvré, et celui usé ou brisé..................	4	8
En cuillers et fourchettes, et autres menus ouvrages (à Mercerie.)		
En feuilles ou battu.....	51	
Etain ouvré, autre que ceux ci-dessus. (Prohibé.)		
Etain de glace. (V. Bismuth.)		
Etaux, omis................	10 p. % de la val.	
Etoffes de soie, unies.......	15	30 la liv. n.
brochées, sans or ni argent..............	18	36 la liv. n.
avec or et argent fin...	30	60 la liv. n.
de soie mêlées d'autres matières, sans or ni argent............	12	24 la liv. n.
mêlées avec or et argent fin...............	16	32 la liv. n.
de filoselle ou fleuret..	6	12 la liv. n.
avec or et argent fin...	9	18 la liv. n.
Etoffes de laine, de coton et de poil, ou mélangées de ces matières. (Prohibées.)		
Etoffes avec or et argent faux. (Prohibées.)		
Etriers. (comme Mercerie.)		
Etrilles. (comme grosse Quincaillerie de fer.)		
Eventails communs (à Mercerie.)		
fins, d'une val. excé-		

	fr.	c.
dant 1f. 50c. pièce. (comme Mercerie fine.)		
Euphorbe.	6	12
Euphraise.	4	8
F.		
Fabago (*racine de*).	3	6
Faïence et poterie de grès (1).	24	48
Celle connue sous la dénomination de terre de pipe ou grès d'Angleterre. (Prohibée.)		
Faisse ou Lie d'huile.	9	18
Faulx, faucilles (à Quincaillerie).		
Fenouil (*graine ou semence de*).	6	12
Fenugrec.		51
Fers en verges, feuillards, carillons, rondins et autres qui ont subi une première main-d'œuvre.	3	6
en barres (2).	2	4
ouvrés de toute sorte, comme fers en taillanderie, ressorts de voitures, ouvrages de serrurerie en fonte, en plaques de cheminées, etc. (Prohibés.)		
Fer-blanc en feuilles.	12	24
noir, *id*.	6	12
en tôle, *id*.	6	12
Fer-blanc, Fer noir et Fer en tôle, ouvrés. (Prohibés.)		
Ferret d'Espagne.		51
Fèves de Saint-Ignace.	14	28
Fil de fer ou acier (3).	12	24
Fil de cuivre de six lignes de diamètre et au-dessous.	40	80
Fil de chanvre et de lin simple, et fil d'étoupes.		51
retors.	61	20
teint.	122	40
à voiles.	6	12
Fil de ploc, ou Poil de cheval.	4	8
Fléaux de balance. (V. Quincaillerie.)		
Fleurs de violette, de pêcher et de romarin.	7	14
Fleur de soufre.	6	12
Fleurs artificielles de toute sorte.	122	40
Flin.	1	2
Folium gariofilatum, ou Feuilles de girofle.	20	40
Folium indicum ou indum.	5	10
Fonte verte. (V. Polosum.)		
Forces à tondre les draps.	10	20
Fouets.	(à Mercerie.)	
Fourchettes d'étain et de fer.	(à Mercerie.)	
Fournimens à poudre, et fourreaux d'épée.	(à Mercerie.)	
Fourreaux de pistolets sans cuir.	15 p. % de la valeur.	
Fourrure (V. Pelleterie ouvrée).		
Franges (V. Passementerie).		
Fromage.	4	59
Fruits ; savoir :		
bigarades, cédras, citrons, limons, oranges, chadecs.	5	10
châtaignes, marrons, noix.	1	2
olives et picholines.	8	16
jujubes, gengeoles, prunes et pruneaux, figues, raisins, jubispasse, picardats et autres non dénommés dans le tarif.	2	4
Fruits à l'eau-de-vie.	48	96
Fruits artificiels en terre fine cuite, comme omis.	10 p. % de la val.	
Fuseaux (à Mercerie.)		
G.		
Gaînes. (à Mercerie.)		
Galbanum.	8	16
Galle (V. Noix de).		
Gallipot (V. Encens).		
Gallium blanc et jaune.	1	2
Galons et ganses. (V. Passementerie).		
Gants et autres ouvrages de ganterie en peau et cuir, doublés ou non. (Prohibés.)		
Gants de soie. (V. Bonneterie.)		
Garance sèche en racine, ou Alizari.	2	4
Garance moulue.	10	20

(1) La faïence de la Ligurie doit le même droit, excepté celle fabriquée à Larma, qui, étant d'une qualité très-grossière et d'un prix très-modique, a été assimilée aux poteries de terre.
On distingue la faïence de la poterie, en ce que celle-ci n'est couverte que d'un vernis bleu, coloré par l'oxide de fer, et que le ton d'aventurine qu'on y remarque n'est qu'accidentel ; au lieu que la faïence se distingue par un émail blanc, dans la composition duquel on fait entrer l'oxide d'étain. (*Lettre du ministre de l'intérieur, du 21 pluviose an 12, et circulaire du 4 ventose suivant.*)

(2) On traite comme tels ceux de 9 lignes et au-dessus en carré, c'est-à-dire dont la largeur multipliée par l'épaisseur donne 81 lignes. Ceux au-dessous de 9 lignes sont réputés carillons. (*Circulaire du 17 floréal an 10.*)

(3) Fils d'acier employés à la fabrication des aiguilles dans le département de la Roër, ne doivent que le droit de la balance du commerce, à la charge d'entrer par le bureau de Cologne. (C)

	fr.	c.	
Gazes :			
de soie	30	60	la liv. n.
de soie et de fil	16	32	la liv. n.
d'or et d'argent, ou mêlées d'or et d'argent	61	20	la liv. n.
Gallengal, mineur et majeur.	4	8	
Gens-eng, au net	91	80	
Gentianne	1	53	
Gibecières. (à Mercerie.)			
Gingembre. (B.)	9		
Girofle (*bois de*)	30	60	
Girofle (*clous de*)	1	53	la liv. net.
Glaces et miroirs au-dessus de 3 décim. 25 centim	15 p. % de la val.		
Glaces de 3 décim. 25 centim. et au-dessous	30	60	
Glayeul ou Iris du pays	10	20	
Glu	7	14	

Gommes et résines.

1°. *A l'usage des teintures, fabriques et manufactures.*

	fr.	c.
Gommes de Bassora, adragante, arabique, thurique, du Sénégal, etc	2	4
copal, laque en feuilles, en grains et sur bois, mastic et sandaraque pour les vernis	12	24

2°. *A l'usage de la médecine et des parfumeurs.*

	fr.	c.
Gomme d'acajou, de cyprès, animée, de lière, hèdre et sarcolle	10	20
de cèdre et oppoponax.	20	40
Gomme ou résine élastique	4	8
ammoniac	6	12
élemi de toute sorte	18	36
Gomme gayac	5	10
Gutte ou de cambogium	40	80
sagapenum seraphinum, ou Séraphique-taccamaca	12	24
Goudron, gaudron ou goutran, le baril de 120 à 150 liv		76
Gourre ou Tamarin confit avec le sucre	30	60
Grabeau ou Pousse, résidu des drogues lorsqu'on en sépare le meilleur. (comme les drogues dont il est le résidu).		
Graines de colza, lin, navette, rabette, et autres propres à faire huile		71
Graine de paradis	5 p. % de la val.	
Graine thurique	1	53
Graine d'angélique, anis, cartami, cevadille, coriandre, daucus et d'écarlate (V. Angélique, etc.)		
Grains de verre. (à Mercerie.)		
Grelots, (*idem.*)		
Gremil ou Herbes aux perles. (*graines ou semences de*)	1	53
Groison	2	55
Gruau. (V. Avoine.)		
Guimauve (*fleur et racine de*).	2	55
Guimauve (*suc de*)	12	24
Guy de chêne	18	36
Gyp, espèce de gros talc	3	6

H.

	fr.	c.
Habillemens neufs, à l'usage des hommes et des femmes, et ornemens d'église	15 p. % de la val.	
S'ils étaient en laine, coton et poil. (Prohibés comme les étoffes.)		
Habillemens vieux	51	
Hameçons. (à Mercerie.)		
Harnais de chevaux	15 p. % de la val.	
ceux en cuir. (Prohibés.)		
Hématite (*pierre*)	1	2
Herbes médicinales non dénommées dans le tarif	3	6
Hermodate	4	8
Hyacinthe	16	32
Hipocistis	6	12
Horlogerie en montres, pendules. (Prohibée.)		
Horlogerie (*fournitures d'*), consistant en pivots, ressorts, spiraux et autres pièces du dedans des montres, lesquelles réunies ne peuvent former des mouvemens complets	10 p. % de la val.	
Horloges de bois	10 p. % de la val.	
Horloges à sable. (à Mercerie.)		
Houpes à cheveux, de duvet. (à Mercerie.)		
Housses de chevaux, garnies ou non	15 p. % de la val.	
Howes, bisquains ou housses de chevaux en peaux d'agneaux, de brebis ou moutons, passées en mégie avec la laine. (V. Peaux de moutons.)		

Huiles à l'usage de la médecine et des parfumeurs.

	fr.	c.	
Huile d'ambre	102		au q. net.
d'anis ou de fenouil	204		au q. net.

	fr.	c.	
de cacao ou beurre de cacao	45	90	au q. net.
de canelle, girofle et macis	408		au q. net.
d'ambre jaune, carabé ou succin, citrons, oranges, jasmin, roses et autres fleurs, et de gayac	51		au q. net.
de muscade	506		au q. net.
Huile d'aspaltum, marjolaine, sauge et soufre	36	72	
d'aspic et de gland	15	30	
de cade, de cédria et d'oxicèdre	4	8	
de genièvre ou sandarac, de lavande et de sassafras	30	60	
de laurier	20	40	
d'olliette et de pavot blanc	8	16	
de palme	10	20	
de palma-christi et de pignons	18	36	
de pétrole	12	24	
de tartre	22	44	

Huiles comestibles ou pour les fabriques.

	fr.	c.	
Huile d'olive de la côte d'Italie	15	50	
de Naples, Sicile, Levant, Barbarie, Espagne, Portugal, et autres pays que de la côte d'Italie	9	18	
de cheval, de graines et de noix	9	18	
d'olive, de la côte d'Italie, importée directement par bâtimens italiens ou français, déclarée pour les fabriques, et que l'on reconnaîtra ne pouvoir être employée qu'à cet usage.	9	18	
Nota. Les préposés peuvent la retenir, en payant, dans la huitaine de la vérification, le prix déclaré, sur l'évaluation faite à Marseille, dans le mois précédent, des huiles communes.			
Huile de poisson. (A.)	12	50	
Huile de vitriol (V. Aigre.)			
Huîtres fraîches	5		le mille en n.
marinées.	12	24	le quintal.
I.			
Jalap	8	16	
Jarretières (V. Passementerie.)			
Jays ou jayet, autre que brut.	20	40	
Jetons. (à Mercerie.)			
Impératoire	3	6	
Indigo. (B.)	15		
Instrumens aratoires. (comme Quincaillerie.)			
Instrumens de musique, la pièce :			
fifres, flageolets, galoubets		63	
flûtes et poches		75	
cistres, mandolines, psaltériums, tambours, tambourins et tympapanons	1	50	
alto, violes, bassons, cors-de-chasse, guitares, serinettes, serpens, trompettes, violons	3		
clarinettes et hautbois	4		
vielles simples	5		
basses et contrebasses	7	50	
épinettes, orgues portatives et vielles organisées	18		
forté-piano et harpes	36		
clavecins	48		
orgues d'église et instrumens non dénommés	12 p. % de la val.		
Instrumens d'astronomie, chirurgie, mathématiques, navigation, optique et physique	10 p. % de la val.		
Joaillerie. (comme Or en ouvrages d'orfévrerie ou Argent ouvré, suivant la matière dont elle est composée.)	•		
Ipécacuanha	30	60	
Iris de Florence	6	12	
Juncus odoratus	18	36	
Jus de réglisse	6	12	
K.			
Kamine mâle ou Beurre de pierre	6	12	
Kirschwaser		27	le litre.
L.			
Labdanum naturel et non apprêté	12	24	
liquide et purifié, au net	45	90	
Lacets de fil. (comme Rubans de fil ; les autres font partie de la passementerie.)			
Laines filées. (Prohibées.)			
Laines non filées, teintes	73	44	

	fr.	c.
Laiton ou Cuivre jaune en mitraille. (comme Cuivre brut.)		
Laiton ou Cuivre jaune battu et laminé en planches, de toute dimension, gratté, noir et décapé	30	60
Laiton ou Cuivre jaune ouvré. (Prohibé.)		
Laiton filé ou Fil de laiton noir.	2	4
Laiton filé en jaune. (V. Fil de cuivre.)		
Lanternes communes (à Mercerie.)		
Lapis entalis	4	8
Laque plate de Venise, et laque colombine sèche	5	10
Laque liquide		51
Lavande sèche (*fleurs de*)	6	12
Légumes secs de toute sorte		51
Levain de bière	3 p.	% de la val.
Librairie en langue française.	12	24
Liége en table	2	4
ouvré	24	48
Lignes. (à Mercerie.)		
Limaille d'acier et d'aiguilles.	5	6
de fer	2	4
Limes. (V. Quincaillerie.)		
Linge en pièces, damassé ou autrement ouvré, de chanvre et de lin seulement	61	20
Linge de coton ou de fil et coton, de lit, de corps (1) et de table, confectionné ou en pièces. (comme Toile de coton blanche.) *Circulaire du 7 pluviose an* 12.)		
Linge ouvré en nappes, serviettes et chemises de chanvre et de lin seulement	153	
Linge de lit et de table, supporté à l'usage des voyageurs, omis	10 p.	% de la val.
Linon et batiste	12	24 la livre.
Liqueurs et ratafias de toute sorte. (B.)	1	50 le litre.
Listonnerie. (V. Passementerie.)		
Litharge naturelle et artificielle	2	4
Livres avec gravures ou estampes. (comme Estampes, lorsqu'elles constituent essentiellement le prix d'un livre dont le texte ne sert qu'à les expliquer; et comme livres, si les estampes et cartes géographiques ne sont qu'un accessoire d'un prix modique.)		
Livres reliés. (comme Librairie.)		
Loup (*dents de*)	1	53

(1) Le calcul de dimension pour les chemises ne pouvant se faire exactement, on évaluera celles d'hommes à 3 mètres, et celles de femmes à 2, dans l'hypothèse commune d'une pièce de 20 mètres. (*Lettre du ministre de l'intérieur, du 17 pluviose an 12. Circulaire du 19.*)

L'entrée ne peut avoir lieu que par les bureaux ouverts aux toiles de coton.

M.

	fr.	c.
Macis	2	4 la livre.
Magnésie (comme Sel volatil).		
Malles. (à Mercerie.)		
Manchons	15 pour	% de la val.
Manicordium. (à Mercerie.)		
Manne	12	24
Marbre, le décimèt. cube brut		3
en cheminée, scié ou travaillé		6
Marcassite d'or, d'argent, de cuivre	16	32
Marcassites (*ouvrages à*)	5 p.	% de la val.
Marly de soie	30	60 la liv. net.
Marquèterie (*ouvrages de*)	15 p.	% de la val.
Marum (*feuilles de*)	4	8
Masques pour bal. (à Mercer.)		
Massicot	18	36
Matelas, comme omis	10 p.	% de la val.
Mèches soufrées, Soufre en mèches, et Mèches de soufre.	10 p.	% de la val.
Mechoacham ou Rhubarbe blanche	5	10
Médicamens composés. (Proh.)		
Mélasse. (Prohibée.)		
Mercerie commune	40	80

Elle se compose des objets ci-après :

aiguilles de toute sorte — ambre jaune travaillé.

battefeux et briquets limés — bois de miroirs non enrichis — boîtes ferrées — boîtes de sapin peintes — boucles de fer — bougettes — bourses de cuir, de fil et laine — boutons de manches, d'étain, et autres métaux communs — brosserie.

cadrans d'horloge et de montre — chapelets de bois et de rocailles — coffres non garnis — colliers de perles et de pierres fausses — compas — cornets à jouer,

	fr.	c.
de corne ou de cuir.		
dez à coudre, en corne, cuivre, fer, os et ivoire — dez à jouer — dominoterie.		
écritoires simples — éperons communs — éventails communs.		
feuilles d'éventails — fouets — fournimens à poudre — fourreaux d'épée — fuseaux.		
gaînes — gibecières — grelots.		
hameçons — horloges à sable — houpes à cheveux, de duvet.		
jetons de nacre, d'os et d'ivoire.		
lanternes communes — lignes de pêcheurs.		
manicordium — masques pour bal — moulins à café et à poivre.		
ouvrages de buis — ouvrages en cuivre et fer; tels que chandeliers, flambeaux, mouchettes, tire-bouchons et autres de même espèce — ouvrages menus d'étain, comme cuillers, fourchettes.		
peignes de buis, de corne et d'os — perles fausses — pipes à fumer.		
ramonettes — raquettes.		
sifflets d'os et d'ivoire — soufflets.		
tambours — tamis.		
volans.		
Merceries fines et autres non dénommées dans le présent tarif	15 p. % de la val.	
Mercerie en soie, comme bourses à cheveux, mouches et mouchoirs de soie	12	24 la liv. net.
Mercure précipité.	30	60
Merluche. (comme Morue.)		
Métal de cloches	36	72
Métiers à faire bas et autres ouvrages	15 p. % de la val.	
Meubles de toute sorte	15 p. % de la val.	
Meules à taillandier, la pièce.		
de 1 mètr. 218 mill. à 1 mètr. 583 millim. de diamètre	2	50
de 1 mèt. 079 mil. à 920 mil.	1	75
de 907 mil. à 677 mil.	1	
de 665 mil. à 541 mil.		40
de 528 mil. à 406 mil.		20
de 385 mil. et au-dessous		10
Meules de moulin au-dessus de 1 mètr. 949 millim.	7	50
Meules de moulin, la pièce de 1 m. 949 mil. à 1 m. 297 mil.	5	
au-dessous de 1 m. 297 mil. de diamètre	2	50
Meum d'athamante	2	4
Miel	6	12
Mine de plomb noir	1	53
Minium		51
Modes (*ouvrages de*)	12 p. % de la val.	
Morilles et Mousserons	24	48
Morues (*langues*, *noos* ou *noves et tripes de*) pendant la guerre. (C.)	20	
Mouchoirs de coton ou de fil et coton blanc (comme Toiles de coton blanches. (*Circulaire du* 29 *brumaire an* 12.)		
teints ou imprimés, ou à bordures de couleur. (comme Toiles peintes.)		
Moules de boutons	6	12
Moulins. (à Mercerie.)		
Mousselines d'origine non prohibée, par mètre carré, autant de fois 5 centimes qu'il y aura de mètres carrés au kilogr. (C.)		
Mousselines brodées, le même droit; plus un droit additionnel de 50 c. par mèt. carré. (*Même loi.*)		
Moutarde	12	24
Muguet ou Lis de vallée (*fleurs de*)	3	6
Mules et Mulets	1 la pièce.	
Musc	30	60 la livre n.
Muscade	2	4 la livre n.
Musique gravée et papiers de musique. (comme Estampes.)		
Myrobolans non confits	7	14
confits	30	60
Myrrhe (*gomme de*)	8	16

N.

	fr.	c.
Nankin des Indes. (A) par mètr.		25
Nankin blanc. (*Décision du ministre de l'intérieur, du* 26 *nivose an* 12.)		25
Nankins d'Europe, Nankinets ou Toile jaune, non anglais. (*Décision du* 23 *brumaire an* 12. (comme Toiles peintes en une seule couleur.)		
Naphe ou naphte	3	6

	fr.	c.
Nattes de jonc.............	8	16
Nattes de paille, de roseaux et autres plantes et écorces.	2	4
Nénuphar.................	1	53
Nigelle romaine (*graine de*).	9	18
Nitre. (Prohibé.)		
Noir d'Espagne...........	7	14
de fumée, de terre et de corroyeurs.........	2	4
d'ivoire..............	30	60
de teinturier, d'Allemagne, d'os et de cerf..	3	6
Noix de cyprès...........	2	4
de gale...............	2	4
vomiques...	2	4

O.

	fr.	c.
Ocre jaune et rouge........		51
Oculi cancri..............	8	16
Opium.................	20	40
Or en ouvrages d'orfévrerie..	10 p. $\frac{0}{0}$ de la val.	
en feuilles battu........	26	11 l'once net.
trait battu, en paillettes ou clinquant...........	6	53 l'once net.
filé ou fil d'or fin..	4	90 l'once net.
faux en barres et en lingots................	73	44
faux, en feuilles, paillettes, clinquant, trait et battu.	142	80
faux-filé ou fil d'or faux .	163	20
Orcanette...............		51
Orge perlé ou mondé.......	4	8
Ornemens d'église. (V. Habillemens.)		
Orobe (*graine et semence d'*).	1	2
Orpiment.................		51
Os de seiche..............	1	[illegible]
Ouates de coton ou de soie..	61	20
Outremer................	30	60 la livre.
Ouvrages en acier ou en cuivre. (Prohibés.)		
Ouvrages en bois, en marbre, et en pierre............	15 p. $\frac{0}{0}$ de la val.	
en buis, étain, cuivre et fer. (à Mercerie.)		
d'osier...........	15	30
de paille, de jonc et de palme.......	12	24
à pierres de composition, marcassites ou autres montées sur étain, cuivre argenté ou doré, ou sur or, ou sur argent....	5 p. $\frac{0}{0}$ de la val.	

P.

	fr.	c.
Pailles d'acier et de fer.....		51
Pain à cacheter............	40	80
Pain d'épice..............	6	12
Papier blanc de toute sorte..	61	20
à cautère...........	61	20
de pâte grise, noire, bleue et papier brouillard...............	36	72
doré et argenté, uni et à fleurs d'or et d'argent, marbré, à fleurs, uni, peint en bleu, jaune, vert, rouge, imitant le bois, et autres qui se vendent à la main et non en rouleau...........	73	44
tontisse peint, imitant le damas, la moire, le gros-de-tours et toute autre étoffe, à dessin et à ramage, d'une ou plusieurs couleurs, ou imitant l'architecture, et servant à tapisser ou à décorer les appartemens, et qui se vendent en rouleaux...	91	80
de la Chine..........	183	60
Parapluies de toile cirée.....		75 la pièce.
Parasols de taffetas.........	2	la pièce.
Parchemin neuf travaillé....	12	24
Pareira brava.............	4	8
Parfums non dénommés.....	102	
Passementerie et listonnerie; telles que galons, ganses, jarretières, aiguillettes, franges, rubans et tous autres ouvrages de passementerie et rubannerie:		
en or et argent faux ...	306	
en or et argent fin	30	60 } la livre n.
en soie, avec or et argent fin................	24	48 } la livre n.
en soie, sans or ni argent..............	15	30 } la livre n.
en soie et coton, ou matières mêlées, la livre net, lorsqu'il y a de la soie; brut, lorsqu'il n'y en a pas....	7	14
de filoselle et fleuret, le même droit au net.		
Passepierre ou Percepierre...	1	53
Pastel (*crayons de*)........	10	20
Pâtes d'amandes et de pignons.	12	24

	fr.	c.	
d'Italie	10	20	
Patience	2	4	
Pattes de lion	2	4	
Pavot rouge ou Coquelicot (*fleurs de*)	2	4	
Peaux de chien de mer	8	16	
Peaux tannées, corroyées ou autrement ouvrées. (Prohibées.)			
Peignes de buis, de corne et d'os. (à Mercerie.)			
d'écaille, la livre	2	4	
d'ivoire, la livre	1	53	
Pelles de fer	40	80	

Pelleteries non apprêtées, payant au cent en nombre.

	fr.	c.	
Peaux de blaireaux, de loutres, loups de bois et cerviers, de cygnes, de chèvres-angora, de carcajoux.	20		
Peaux de chats-cerviers, chats-tigres, lions, lionnes, martres de toute espèce, oies, renards de toute espèce, pekands, veaux, vaches et loups marins.	10		
de chats-de-feu, chats-sauvages, de chiens et de chikakois; fouines, genettes, gredbes, marmottes, putois, vizons	5		
d'ours et d'oursins de toute couleur	25		
de léopards, panthères, tigres et zèbres	50		
d'hermines de terre mouchetées et bervesky, écureuils d'Amérique, palmistes des Indes	2		
de petits-gris et écureuils de toute espèce	1		
Peaux d'hermine blanches et lasquettes; le timbre de 40 peaux	2		
Pelleteries ci-dessus dénommées, lorsqu'elles seront apprêtées; le double des droits, à l'exception des ours qui ne paient que le même droit.			
Peaux d'agneaux, dites d'Astracan, de Russie, de Perse et de Crimée		50	la pièce.
Peaux de lapin apprêtées		10	la pièce.
Peaux de lièvres apprêtées	6		le % en n.
Gorges de renards, de martres et de fouines	2		le % en n.

	fr.	c.	
Queues de martre de toute espèce	2	50	le % en n.
de petits-gris, d'écureuils, d'hermines, de putois		25	le % en n.
de renards, de fouines, de carcajoux, de pekands, de loups	1	50	le % en n.
Sacs ou nappes de martres de Russie, de Canada, de Suède, d'Ethiopie, d'agneaux d'Astracan, d'hermines, de lasquettes, le sac ou nappe	5		
Sacs ou nappes de dos et ventres de petits-gris, d'écureils de toute espèce, de lapins de toute couleur, de taupes, de fouines, de putois, de dos et ventres de lièvres blancs, d'hermine de terre, mouchetées ou bervesky, rats palmistes des Indes, d'hamster, de dos, ventre et pattes de renards; le sac ou nappe	1	50	
Pelleteries non dénommées. (comme celles auxquelles elles seront assimilées.)			
Pelleterie ouvrée, en manchons, fourrures, etc.	15 p. % de la val.		
Perles fausses. (à Mercerie.)			
Perruques, la pièce	2		
Persil de Macédoine	10	20	
Pieds d'élans, le cent en nombre	1	50	
Pierres arméniennes	20	40	
Pierres de choin polies en cheminées, etc.	2½ p. % de la val.		
à chaux (comme Chaux).			
à feu, compris celles à briquet	4	8	
Pierres à aiguiser	1	2	
de touche	2	4	
Pierre-ponce	1	2	
Pierres de Mangayer		51	
Pierres de composition. (V. Ouvrages, etc.)			
Pignons blancs	6	12	
Pignons d'Inde	8	16	
Piment. (V. Poivre.)			
Pinceaux, autres que de cheveux et de poil fin	18	56	
de poil fin	146	88	
Pipes. (à Mercerie.)			
Pirestres	5	10	
Pistaches cassées	24	48	
non cassées	6	12	
Pivoine (*racine et fleur de*)	6	12	

	fr.	c.
Plomb brut et en saumon	6	12
à tirer et en grenailles	9	18
laminé et ouvré, de toute autre sorte	18	36
Plumes d'autruche, d'aigrette, d'espadon, de héron, d'oiseau couronné, de xomol, et autres qui entrent dans le commerce des plumassiers, de première qualité	102	
apprêtées, au net	306	
Plumes de qualité inférieure, comme petites noires, bailloques brutes et de vautour, non apprêtées	40	80
apprêtées au net	102	
Plumes à écrire, non apprêtées	6	12
apprêtées	40	80
Plumes à lit	15	30
Poids et mesures anciens. (Pr.)		
Poil filé et en écheveaux, excepté celui de chèvre, admis en payant 1 fr. 2 c. par quintal. (Prohibé.)		
Poil ou soie de porc et de sanglier	2	4
Poiré, le muid de Paris, de 144 pots. (268 litr. $\frac{1}{10}$)	6	
Poisson de mer, excepté les anchois, le thon, et encore le stockvisch, durant la guerre. (C)	20	
Poivre à queue. (V. Cubèbe.)		
Poivres de toute autre sorte, même ceux appelés poivre long, corail de jardin ou piment en graines ou en grabeau, au net. (B)	60	
Poix grasse, poix noire, poix-résine ou Résine de sapin		51
Polium montanum	3	6
Polozum ou Fonte verte	24	48
Pommades de toute sorte	61	20
Pompholix ou Calamine blanche	6	12
Porcelaine commune	163	20
fine	326	40
Porte-feuilles de basane. (comme Mercerie commune.)		
de maroquin. (comme Mercerie fine.)		
Poterie de terre grossière	3	6
Poterie fabriquée à Larma, même droit. (V. Faïence.)		
Poudre à poudrer, excepté celle ci-après	12	24
Poudre de senteur	91	80
Poudre de Chypre, la livre	4	8

	fr.	c.
Pouliot de Virginie	2	4
Pourpre naturelle et factice	15	30
Presle (*feuilles de*)		51
Q		
Quercitron. (Ecorce concassée ou moulue.) (1) (*Arrêté du 15 germinal an 12.*)	5	
Queue de martre, etc. (V. Pelleterie.)		
Quincaillerie, en faulx, faucilles, scies, vrilles et autres instrumens aratoires	40	80
en fléaux de balance, limes communes et autres gros ouvrages de quincaillerie en fer	20	40
Quincaillerie fine, comme alènes, broches, carlets, emporte-pièces et limes en acier	76	50
Quincaillerie en cuivre. (Pr.)		
Quinquina	16	32
R		
Racines d'alizari, d'angélique, de dictame, d'ellébore, de guimauve. (V. Garance sèche, Angélique, etc.)		
Raisins de Damas et de Corinthe	2	4
Ramonettes. (à Mercerie.)		
Rapatelle ou Toile de crin	20	40
Rapure d'ivoire	10	20
Raquettes. (à Mercerie.)		
Réglisse en bois	1	53
Régule d'antimoine	8	16
d'arsenic ou de cobalt	8	16
d'étain	24	48
martial	16	32
de Vénus	40	80
Régule d'antimoine en poudre, omis	10 p. % de la v.	
Résine de jalap	61	20
de sapin. (V. Poix.)		
Rhubarbe	36	72
Rhue (*feuilles de*)	2	4
Rhum. (Prohibé.)		
Riccin	8	16
Rocou (B)	6	
Roses fines et communes	10	20
Rosettes	2	4
Rotins ou roseaux des Indes pour faire meubles	6	12

(1) Cette écorce, qui provient d'un chêne de l'Amérique septentrionale, est d'un jaune rougeâtre, et sert à la teinture, où elle fournit un beau jaune.

	fr.	c.
Rouge pour femmes, la livre.	8	16
Rubans de fil écru et d'étoupes	61	20
de fil blanc	102	
de fil teint	142	80
Rubans, cordons et tresses de laine et fil de chèvre mêlés.	122	40
Rubans ou tresses en poil de chèvre, mêlés de soie	204	
de soie (V. Passement.)		

S

	fr.	c.
Safran, la livre net	4	59
Safre ou Zaphre	15	30
Sagu ou Sagou	20	40
Salep ou Salop	61	20
Salsepareille	12	24
Sandarac	12	24
Sang de bouc ou bouquetin	15	30
de dragon, de toute sorte.	18	36
Sangles pour meubles, etc.	122	40
Sanguine pour crayon		51
Sarrette ou Sarriette	1	2
Sassafras ou Saxafras	3	6
Sauge	2	4
Savon blanc (B)	24	
Savon noir (B)	18	
Savonnettes	81	60
Saxifrage (*graine ou semence*)	3	6
Scabieuse	2	4
Scamonée, au net	102	
Scamonée (*résine de*) au net.	306	
Scilles ou Squilles marines	1	53
Sebestes	4	8
Sel ammoniac (B) par kilogramme		75
venant d'Egypte directement sur vaisseau français		25
Sel gemme ou fossile naturel, et d'oseille	10	20
d'Epsum ou Duobus	6	12
de Glauber. (comme Sel d'Epsum.)		
de saturne, de tartre végétal, de seignette et de lait	20	40
volatil de corne de cerf, de vipère, de carabé, au net.	122	40
Sel (*pierre ou crasse de*)	3 p. % de la val.	
Selles. (comme Harnais.)		
Semen d'anci	10	20
Semen cartami	3	6
Semence de ben	4	8
Semences froides et autres médicinales	6	12
Séné en feuilles, follicules ou grabeau	12	24

	fr.	c.	
Sénéka ou Poligata de Virginie	8	16	
Sennevé	1	2	
Serans, outils propres à peigner le chanvre. (comme Instrumens aratoires.)			
Serpentine ou Serpentaire	10	20	
Serpes et serpettes. (comme Instrumens aratoires.)			
Seseli de Marseille ou de Candie	3	6	
Sifflets d'os et d'ivoire. (à Mercerie.)			
Sirops non dénommés	51		
Sirop de kermès	10	20	
Smalt, nommé improprement Azur en pierre, puisqu'il n'en existe pas		51	
Soies grèzes	1	2	la liv. n.
grèzes doubles ou doupions		51	
ouvrées, en trame, poil et organsin, et à coudre, crues	2	4	
teintes et fleurets	3	6	
fleuret ou Filoselle crue et bourre de soie cardée		82	
Soldanelle ou Chou de mer	3	6	
Sorbec	36	72	
Souchet ou Cyperus de toute sorte	2	4	
Soufflets. (à Mercerie.)			
Soufre en canons	2	4	
Spica celtica ou Nard celtique.	6	12	
Nardi ou Nard indien	20	40	
Spode	4	8	
Squenantes ou Pailles de squenante	20	40	
Squine ou Esquine	6	12	
Staphisaigre	3	6	
Stecas ou Sticade	3	6	
Stil de grains	12	24	
Stockvish pendant la guerre (C)	8		
Storax, calamite	20	40	
liquide	6	12	
rouge et en pain	8	16	
Sublimé doux et corrosif	30	60	
Sucre brut, au net	45		
Tête et terré, *idem*	75		

T.

	fr.	c.
Tabac en feuilles. (*Loi du 5 ventose an* 12, *art.* 17.) au net :		
par bâtimens français.	80	
par terre, et par bâtimens étrangers	100	
Tabac en côtes, le même droit.		

	fr.	c.
Tableaux à cadres ou bordures, sur l'estimation des cadres ou bordures seulement	15 p. $\frac{0}{0}$ de la val.	
Tamarin	5	10
Tambours et Tamis. (à Mercerie.)		
Tannesi ou Herbe aux vers	10	20
Tapis non anglais.		
Savoir : de fil et laine	102	
de laine	146	88
de soie ou mêlés de soie	306	
Tapisseries, façon d'Anvers et de Bruxelles	81	60
Tapisseries avec or et argent	489	60
peintes	91	80
toutes autres que celles ci-dessus	244	80
de cuirs dorés. (Pr.)		
Tapsic noir et blanc	2	4
Tartre de vin	1	53
Terra-Merita ou Curcuma		51
Terre verte	2	4
Thé, au net. (A.)	50	
Térébenthine commune	3	57
de Venise	15	30
Thon mariné	91	80
Tire-bouchons. (à Mercerie.)		
Tissus de laine et fil teints. (comme Rubans de fil teint.)		
Toile de chanvre et de lin écrue	51	
blanche	61	20
Toile à voile. (comme celle ci-dessus, suivant qu'elle est écrue ou blanche.)		
Toile préparée pour peindre, (c'est une toile grasse.) (comme Toile à voile grosse.)		
Toile de coton et toile de fil et coton, d'origine non prohibée, par mètre carré, autant de fois 5 centimes qu'il y aura de mètres carrés au kilogramme. (C.)		
Toiles teintes et peintes d'origine non prohibée : celles en une seule couleur, par mètre carré et en addition au droit imposé sur les Toiles de coton blanches. (C.)		50
toute toile de coton, fil et coton, rayée, peinte ou teinte, en telle partie que ce soit, est sujette au même droit. (*Décision du 1er. ventose an 12. Circulaire du 4.*)		

	fr.	c.
Toile teinte ou peinte en plusieurs couleurs, par mètre carré, et en addition au droit imposé sur les Toiles de coton blanches	1	
Toiles à carreaux pour matelas (1)	81	60
cirées de toute sorte	40	80
de crin. (V. Rapatelle.)		
gommées, treillis, bougrans et autres toiles à chapeaux, noires ou d'autres couleurs	30	60
Toiles ajamis bleues du Levant. (comme Toiles à chapeaux.)		
Tombac, similor ou métal de Prince et de Manheim, non ouvré	15	30
Tombac ouvragé. (Prohibé.)		
Tormantille	2	4
Tours d'horlogers, omis	10 p. $\frac{0}{0}$ de la val.	
Tresses. (V. Rubans.)		
Tripoli. (V. Alana.)		
Truffes fraîches	36	72
sèches	20	40
Tuiles. (V. Briques.)		
Turbit	10	20
Tussilage ou Pas-d'âne	2	4
Tutie	2	4

U.

	fr.	c.
Usnée	2	4

V.

	fr.	c.
Vanille ou Badille, la liv. net.	12	24
Vélin	12	24
Vendange et moût (2), les $\frac{2}{3}$ du droit dû sur le vin. (C.)		
Vert-de-gris sec et en poudre.	15	30
crystallisé	20	40
humide	6	12
Verd de vessie	20	40
Verd de montagne	15	30
Verjus, le muid	6	
Vermeil	20	40
Vermicelli. (V. Pâtes.)		
Vermillon	20	40

(1) Toiles à carreaux, dont la chaîne est de fil de lin ou de chanvre, et la trame de fil de coton, qui se fabriquent particulièrement en Suisse, employées ordinairement à l'habillement des femmes de campagne. (comme Toile à matelas.) (*Décision du 7 pluviose an 8.*)

(2) Ceux provenant de vignes possédées par des français sur territoire étranger, voisin des départemens de la rive du Rhin, et de ceux de Marengo, de la Sésia, de la Doire, du Tanare et de la Stura sont exempts (C.)

	fr.	c.
Vernis de toute sorte........	40	80
Verre d'antimoine..........	8	16
Verre de toute sorte. (Prohibé.)		
Vez-cabouli..............	6	12
Vinaigre, les deux hectolitres 68 litres $\frac{1}{10}$..............	5	
Vins en futailles, les 2 hectolitres 68 litres $\frac{1}{50}$., correspondant au muid de 144 pots, faisant 288 pintes.........	25	
importé depuis le fort Vauban jusqu'à la pointe septentrionale du département du Bas-Rhin, sans emballage ou double fond..............	12	
par les frontières d'Espagne, depuis Mont-Libre inclusivement, jusqu'à Saint-Jean-Pied-de-Port, aussi inclusivement, y compris le bureau d'Arneguy, *le même droit*.		
Vins en bouteilles, les 2 hectolitres 68 litres $\frac{1}{50}$.........	60	
Viorne ou Hardeau (*feuilles et baies de*)..............	2	4
Vipères vivantes et sèches, le % en nombre...........	5	
Vitriol blanc de Chypre.....	15	50
bleu. (V. Couperose.)		
rubifié. (V. Calcantum.)		
Voitures vieilles ou neuves, excepté celles servant aux voyageurs. (Prohibées.)		
Volans. (à Mercerie.)		
Vrilles. (à Quincaillerie.)		
Vulnéraire (*herbe.*).........	4	8

Y.

Yvoire....................	10	20

Z.

Zédoire ou Citouaire........	18	36

Objets omis au tarif d'entrée.

Ils doivent, ceux qui ont reçu quelque main-d'œuvre, 10 pour % de la valeur. Les drogueries, 5 pour %. Tous autres objets, 3 pour %. (*Article* 5 *du titre I de la loi du* 22 *août* 1791.)

Tare à déduire pour percevoir les droits sur ce qui est tarifé au poids net.

Toutes les marchandises paient les droits au poids brut, à l'exception des dentelles, des drogueries et épiceries, dont le droit excède 40 fr. 80 cent. par quintal; des ouvrages de soie, or et argent, et du tabac, lesquels acquittent au poids net. (*Loi du* 22 *août* 1791, *titre I*, *art.* 3.)

Plumes apprêtées et soies. (*Loi du* 1er. *août* 1792, *art.* 9.)

La tare est de 15 pour %, poids métrique, sur les sucres bruts en futailles. (B.)

De 12 pour % pour les sucres têtes et terrés, le café, le cacao et le poivre, aussi en futailles. (B.)

De 3 pour % sur les cafés, cacao et poivre en sacs. (B.)

De 12 pour % sur le tabac en boucauds, et les drogueries et épiceries; de 2 pour % sur les mêmes objets en paniers ou en sacs. (*Même article* 3 *du titre I de la loi du* 22 *août* 1791.)

A l'égard des ouvrages de soie, or et argent, et des dentelles, la perception en sera faite sur la déclaration au poids net, sauf la vérification de la part des préposés. (*Même article.*)

Nota. Ces dispositions sont applicables aux plumes apprêtées et aux soies.

Lorsque des marchandises sujettes aux droits, au poids net ou à la valeur, se trouvent dans les mêmes balles, caisses ou futailles, avec d'autres marchandises qui doivent les droits au poids brut, la totalité desdites caisses, balles ou futailles acquite au poids brut. (*Même article.*)

Toute marchandise qui, étant tarifée au brut, est dans une double futaille, ne doit les droits que déduction faite du poids de la futaille qui lui sert d'une seconde enveloppe. (*Loi du* 1er. *août* 1792, *art.* 9.)

Dans le cas où une balle ou futaille contient des marchandises assujéties à des droits différens, le brut de la balle ou de la futaille doit être réparti sur chacune des espèces qui y sont contenues, dans la proportion de leurs quantités respectives. (*Même article.*)

Les déclarations pour les cotons filés doivent indiquer le numéro des cotons et le nombre d'écheveaux; des mousselines, des toiles de fil et coton ou de coton écrues blanches, teintes ou peintes, le nombre des pièces, celui des mètres contenus dans chaque pièce, ainsi que la largeur de chacune desdites pièces, sous les peines portées par les lois contre les fausses déclarations. (*Loi du* 22 *ventose an* 12, *art.* 5.)

Marchandises dont l'entrée est prohibée.

Argent et or faux-filé sur soie, et étoffes avec or ou argent faux.

Basins. — Bonneterie et boutons de toute espèce.

Cartes à jouer. — Chapeaux anglais, en paille. — Chevaux anglais. — Chicotins ou sacs à tabac. — Coton filé anglais. — Coutellerie. — Crystaux. — Cuirs tannés, corroyés ou apprêtés, ouvrés ou non ouvrés (1).

Draps de laine, de coton et de poil, ou mélangés de ces matières.

Eau-de-vie autre que de vin. — Etoffes de laine, de coton et de poil, ou mélangées de ces matières.

Faïence ou poterie, connue sous la dénomination de *terre de pipe*, ou *grès d'Angleterre*.

Gazes anglaises.

Harnais et tous autres objets de sellerie. — Horlogerie.

Laines filées.

Médicamens composés comme confections, corail en poudre, etc. — Mélasse. (*Loi du 8 floréal an* 11). — Monnaies de métal. — Mousselinettes.

Nankinettes.

Ouvrages de peaux, consistant en gants, culottes et gilets. — Ouvrages en fer, acier, étain, cuivre, airain, fonte, tôle (2). Ouvrages en fer-blanc et autres métaux, polis ou non polis, purs ou mélangés.

Peaux pour gants, culottes ou gilets. — Plaqués-Piqués de toute sorte. — Poids de marc, et tous autres ustensiles destinés à peser ou à mesurer suivant l'ancien usage. — Poil filé, autre que de chèvre et en écheveaux. — Poudre à tirer.

Quincaillerie fine.

Rapontic, ou fausse Rhubarbe. — Rubans anglais.

Salpêtre (3). — Schalls anglais. — Sel de nitre, de quinquina, de rhubarbe. — Sel marin. — Sel de salines. — Sucre rafiné. (*Loi du 8 floréal an* 11).

Tabac fabriqué, même celui en cigare. — Tabletterie. — Tapis dits anglais.

Velours de coton. — Verrerie, autre que les verres servant à la lunetterie et à l'horlogerie. — Voitures montées ou non-montées.

Prohibition, à défaut de certificat d'origine.

Tous objets de fabrique étrangère (4) dont l'entrée est permise ne sont admis, dans l'intérieur de la république, qu'autant qu'ils sont accompagnés de certificats d'origine, conformément à la loi du 1er. mars 1793. (*Loi du 10 brumaire an 5, art.* 13.)

Les objets de fabrique de l'Inde ne peuvent être importés qu'autant qu'ils sont accompagnés de certificats délivrés par les compagnies hollandaise ou danoise, visés par les consuls de France, constatant que ces objets proviennent du commerce de ces compagnies. (*Même article.*)

Les tableaux sont admissibles, quelle qu'en soit l'origine. (*Lettre du ministre de l'Intérieur du 5 fructidor an* 11).

Prohibition d'entrée par quelques Bureaux de terre.

On ne peut admettre par des bureaux de terre non placés sur les grandes routes :

Plus de cinq livres métriques pesant de drogueries et épiceries ;

Plus de vingt-cinq livres aussi métriques de toile de lin et de chanvre, blanche ou écrue, de basins de fil, bougrans et treillis ;

Des soies et filoselles, telle modique qu'en soit la quantité ;

Des siamoises, des batistes, linons et toiles de coton blanches.

Restriction d'entrée pour certaines fabrications.

Les fils de coton, les toiles de coton et de fil et coton, les mousselines, les toiles peintes ou teintes, ne peuvent entrer par terre que par les bureaux de Bourg-Libre, Verrières de Joux et Versoix, dénommés dans l'arrêté du 6 brumaire an 12.

Par le Rhin que par Strasbourg, (*arrêté du 28 frimaire an* 12) et par Cologne et Mayence, auxquels l'entrepôt a été conservé par la loi du 8 floréal an 11.

Par mer que par les ports d'entrepôt réel ou fictif, établis par la même loi. (*Loi du 22 ventose an* 12.)

La classe des toiles blanches, de coton et de fil et coton comprend, autant pour la restriction des bureaux que pour les droits, celles écrues, le linge de lit, de corps et de table en coton, fil et coton, et nominativement les chemises.

Parmi les toiles peintes doivent aussi être rangés, quant aux droits et à la restriction des bureaux d'entrée,

1°. Les nankins d'Europe dits nankinets, qui sont proprement des toiles peintes ; en quoi ils diffèrent des nankins des Indes, dont la couleur est naturelle, et qui, cependant, ne peuvent entrer que par les mêmes bureaux ;

2°. Les toiles de coton et de fil et coton, qui ont reçu une nuance quelconque de teinture ;

3°. Les mouchoirs peints ou teints, et les coutils rayés de même matière ;

4°. Enfin toute toile dans la composition de laquelle

---

(1) Les peaux de chien de mer n'y sont pas comprises. (*Lettre au directeur d'Abbeville, du 12 floréal an 12.*)

(2) L'article 1er. de la loi du 19 pluviose an 5 excepte de la prohibition les objets compris dans la classe de la mercerie commune, les armes de guerre, les instrumens aratoires et les outils pour les arts et métiers, de quelques matières qu'ils soient composés.

(3) Les fabricans qui l'emploient comme matière première peuvent en tirer par Lorient, le Havre, Dunkerque, Anvers ou Marseille. (*Arrêté du 27 pluviose an 8.*)

(4) Parmi lesquels sont compris les huiles et acides vitrioliques.

entre le coton, et qui, n'étant pas blanche ou écrue, ne peut servir d'aliment à nos fabriques d'imprimerie.

Pour les Tabacs en feuilles, voyez Tabacs.

Répulsion des denrées coloniales anglaises, et de ce qui vient des ports appartenans à la Grande-Bretagne.

Il ne sera reçu dans les ports français aucune denrée coloniale provenant des colonies anglaises, ni aucune marchandise venant directement d'Angleterre. En conséquence, toute denrée et marchandise provenant de fabrique ou de colonie anglaise sera confisquée. (*Loi du 22 ventose an 12, art.* 14.)

Pour assurer l'effet de cette prohibition, les bâtimens neutres destinés pour les ports de France devront être munis d'un certificat délivré par le commissaire ou agent des relations commerciales de la république, au port d'embarquement, lequel certificat portera le nom du vaisseau, celui du capitaine, la nature de la cargaison, le nombre d'hommes d'équipage et la destination du bâtiment.

Dans cette déclaration, le commissaire certifiera qu'il a vu le chargement s'opérer sous ses yeux, et que les marchandises ne sont point de fabrique anglaise, et ne proviennent ni de l'Angleterre ni de ses colonies. (*Art.* 15.)

Un double de cette déclaration sera adressé au ministre de l'intérieur par le commissaire de la république, le jour même du départ du bâtiment. (*Même article.*)

Tout capitaine qui, par oubli de forme ou par changement de destination, ne se trouvera pas muni de la déclaration prescrite par l'art. 15, ne sera admis qu'à condition de charger en retour (1), en produits de manufactures françaises, pour une valeur égale à celle de sa cargaison. (*Art.* 16.)

Le permis de sortir du port doit lui être délivré par le préfet du département, sur l'état fourni par le directeur des douanes, de la cargaison, et celui des marchandisés prises en retour. (*Même article.*)

Les marchandises venant sur des bâtimens partis d'un port neutre où la république n'a point de commissaire des relations commerciales seront admises, sans cette déclaration, quand ils seront chargés de marchandises du Levant (1), du crû du pays auquel appartient le bâtiment, ou de productions du Nord; mais on ne peut les recevoir s'ils sont chargés de marchandises coloniales de l'Inde ou anglaises. (*Art.* 17.)

Le directeur des douanes prendra à l'égard de ces bâtimens toutes les informations nécessaires sur le lieu du chargement, la vérité et la fidélité des passeports et connoissemens du navire. (*Même article.*)

Même exception en faveur des productions du Nord, telles que brai, goudron, bois, mâtures, chanvre, cuivre, fers de toutes sortes et plaques de tôle. (*Art.* 18.)

Nota. Le plomb en saumon, le suif en pain ou en barils, et les cordages neufs en font partie.

Aucun bâtiment expédié des ports d'Anglèterre ou qui y aura touché, ne sera reçu dans les ports de France (2). (*Art.* 19.)

Pourront être exceptés de cette disposition les bâtimens neutres qui auront été forcés de relâcher en Angleterre, à la charge de subir un examen préalable de leurs papiers de bord et de leur cargaison, et d'obtenir une décision du directeur-général des douanes, approuvée par le ministre de l'intérieur. (*Art.* 20.)

---

(1) Cette exportation qui, d'après l'article 3 de l'arrêté du 1er. messidor an 11, devait se faire par le même navire et le même port, peut s'effectuer par tous les bureaux principaux de terre et de mer. (*Circulaire du 23 germinal an 12.*)

(1) L'état remis par le ministre de l'intérieur énonce celles ci-après : café, cendre de soude ou sel natrum, cire, coton filé, coton en laine, cuirs de bœufs, de vaches, de buffles, cuivre ; drogues médicinales : séné, rhubarbe, kermès, salsepareille, manne, tamarin, scamonée. Pour la teinture : racine d'alizari, saffranum ; fruits secs, gommes diverses ; grains : bled, froment, riz ; huile d'olive, laines, légumes, noix de galles, peaux en poil, plumes d'autruche, poil de chameau, poil de chèvre filé, soies, vélani ou avelanède.

(2) Une décision du premier Consul, du 5 fructidor an 11, avait déjà établi une exception en faveur des productions du Nord. Cette exception est étendue par l'article 20 de la nouvelle loi, sans désignation d'espèces de marchandises, aux bâtimens neutres forcés à cette relâche.

Lorsque les marchandises importées par ces navires ne sont pas d'une nature suspecte; que leur origine neutre est constatée par des certificats réguliers; que les preuves de force majeure sont administrées en due forme, il doit en être fait, aussitôt l'arrivée, un rapport au directeur-général, en joignant à l'appui les pièces justificatives avec l'état du chargement. L'admission reste suspendue jusqu'à ce qu'il ait transmis une décision définitive.

Cependant si le chargement est composé de productions du Nord, c'est-à-dire de munitions navales et de matières premières qui portent évidemment le caractère d'une origine non anglaise, le directeur autorise, d'après son propre examen des papiers de mer, l'admission immédiate. (*Circulaire du 23 germinal an 12.*)

EXPORTATIONS.

Les marchandises sortant se divisent ainsi :

Celles dont l'exportation est défendue ; les marchandises permises, imposées à des droits fixes ; celles qui, ne faisant pas partie des deux autres classes, peuvent sortir en payant 15 c. par 100 fr. de valeur.

L'état n°. 1er. est celui des objets prohibés à la sortie.

Le second indique ce qui est sujet à des droits de sortie fixes.

Les productions non comprises dans ces états, doivent seulement 15 c. pour 100 fr. de valeur. (*Loi du 24 nivose an 5, art. 2.*)

N°. 1. *Prohibition à la sortie.*

A.

Amidon, excepté depuis Clèves jusqu'à Genève. (*Lettres du ministre de l'intérieur, dont la dernière est du 2 brumaire an 12.*)
Armes, autres que de luxe, même les canons de fusil et les fusils de traite. (*Lettre du ministre de la guerre, du 23 ventose an 12.*)

B.

Bestiaux. (V. à chaque espèce, tant dans le présent état que dans celui n°. 2.)
Beurres. (C.)
Bœufs et Vaches. (V. pour les exceptions, n°. 2.)
Bois à brûler et de construction navale ou civile, excepté ceux de pin et sapin des départemens frontières d'Espagne; ceux des rives du Rhin, de la Lys et de l'Escaut. (C.)
Brais, par les ports de la Méditerranée. (C)

C.

Cartons gris ou pâtes de papier.
Cartons en feuilles, excepté ceux fins à presser les draps.
Cendres de toute sorte, même celles d'orfèvre lessivées.
Chairs salées (excepté par les Basses-Pyrénées), et les Saucissons.
Chanvre, même ceux provenant des départemens du Rhin. (C.)
Charbon de bois, sauf les exceptions n°. 2.
Chevaux, Jumens et Poulains.
Chèvres. (V. pour l'exception n°. 2.)
Cochons, par mer.
Cordages usés.
Cuirs secs en poil, excepté ceux venus de l'étranger dans les six mois précédens.
Cuirs tannés non-corroyés, quand ils sont susceptibles de l'être (1). (C.)
Cuirs en vert.
Cuivre non-ouvré.

E.

Espèces. (V. Numéraire.)
Ecorces à tan, excepté du canton de Lure.
Etain non-ouvré.
Etoupes de chanvre.

F.

Farines.
Féraille ou vieux fer.
Filets vieux.
Fils de mulquinerie et de linon.
Fourrages, excepté le foin du pays de Gex.
Futailles vides ou en bottes.

G.

Goudrons. (comme Brais.) (C.)
Graines grasses.
Grains de toute sorte, même la graine de vesce.
Graisses, mais non celle d'asphalte.
Groisil, autrement verre cassé.

H.

Houblon. (*Arrêté du 9 frimaire an 9.*)

L.

Laines non-filées, sauf l'exception n°. 2.
Laiton non-ouvré.
Légumes secs de toute sorte.
Lin, même peigné.
Linge vieux. (V. Matières propres, etc.)

M.

Marrons et châtaignes, excepté, pour les Châtaignes, par le Mont-Blanc.

(1) Ceux forts de bœuf et de vache auxquels la tannerie imprime toute la main-d'œuvre qui leur convient, et qui pèsent communément au moins 25 lb. poids de marc, sont exceptés de la prohibition.

Matelas composés de laine. (comme Laines non-filées.)
Matières servant à l'engrais des terres, telles que fumier, colombine, clapons, cornes rapées et autres, à l'exception du plâtre et de la terre de marne, et du gypse, par le Doubs.
Matières propres à la fabrication du papier et de la colle, même les Chiffons de toile de coton et de laine. (*Décision du* 8 *ventose an* 12.)
Métal de cloche, comme composé de cuivre ou étain.
Métiers pour les fabriques, ce qui doit s'entendre des métiers composés, tels que ceux à faire bas, et non des instrumens simples, tels que les laminoirs. (*Décision du 22 prairial an* 11.)
Mine de fer, brute et lavée.
Mines métalliques de toute autre sorte, non la Manganèse.
Mine de plomb, et non le Minium.
Moutons et Brebis. (V. pour les exceptions, n°. 2.)
Mules et Mulets, excepté pour l'Espagne et la partie de l'Helvétie qui confine au Mont-Terrible.
Munitions de guerre, y compris le salpêtre.
Munitions navales, sauf les brais, goudrons, planches de pin, mâts et pièces de rechange.

N.

Navires, excepté ceux marchands construits pour le compte espagnol.
Numéraire, y compris les piastres et matières d'or et d'argent non-ouvrées. (*Arrêtés des* 21 *et* 23 *ventose an* 11.)

O.

Œufs par mer. (*Arrêté du* 8 *pluviose an* 10.)
Oreillons. (V. Matières propres, etc.)

P.

Parchemin brut. (*Lettre du ministre de l'intérieur du* 11 *floréal an* 12.)
Peaux de lièvres et de lapins, crues.
Peaux de castor et autres, non désignées au tarif de sortie. (celles de Chiens de mer exceptées.)
Celles de chevreuil font partie de celles prohibées. (*Décision du* 7 *nivose an* 11.)
Pennes de coton, de fil et de laine.
Pierres à fusil.
Plomb non-ouvré, excepté des mines de Poullaouen, qui, d'après un arrêté du 9 thermidor an 10, peuvent sortir par Morlaix, en payant le droit de balance.
Poil en masse et non filé, de castor, chèvre, chevreau, lapin, lièvre et loutre.
Poil de chien, même filé.
Pommes-de-terre. (*Décision du* 7 *pluviose an* 8.)
Potasse.
Poudre, autre que de chasse (1).
Poudre à poudrer. (*Ordre du* 27 *pluviose an* 10.) (sauf l'exception qui a lieu pour l'amidon.)

R.

Récoltes, comprenant les grains, légumes secs et fourrages.

S.

Salins.
Soies, autres que celles à tapisserie et à coudre. (B.)
Celle dite de Costa di Doppione, espèce grossière, propre à la fabrication des tapis, et non dénommée dans la loi du 8 floréal an 11, est prohibée. (*Lettre du ministre de l'intérieur, du* 5 *fructidor suivant.*)
Suif.

T.

Terres de monnaies. (B.)
Toutenague ou Zinc. (*Décision du* 8 *pluviose an* 9.)

V.

Veaux, par mer.
Viande fraîche, par mer.

N°. 2. *Droits fixes de sortie, et leur quotité.*

Nota. Le droit est dû au quintal métrique, quand il n'est point exprimé que c'est à la pièce, au nombre ou à la valeur.

A.

	fr.	c.
Acier et fer, et ouvrages uniquement composés de ces deux matières..........		50
Alun, par le département de la Roër..............	1	2
par les autres départemens.	2	4
Amidon, depuis Clèves jusqu'à Genève	2	4
Amurca ou Marc d'olive.....	1	2
Anes et Anesses............		25 pièce.
Ardoises, par les départemens correspondans à ceux du Nord et des Ardennes.....	1 le mil. en nomb.	
Armes de luxe (1)..........	½ p. % de la val.	

B.

	fr.	c.
Bœufs pour l'Espagne, et la partie de l'Helvétie qui confine au Mont-Terrible....	1	50 la pièce.
Bois en planches ou autrement		

(1) Celle de chasse, accompagnée du passe-port des administrateurs des poudres et salpêtres, peut sortir. (*Avis du ministre de la guerre, transmis par celui des finances, du* 18 *brumaire an* 11.)

(1) Cette dénomination n'est applicable qu'aux armes enrichies et damasquinées. (*Lettre du ministre de la guerre du* 23 *ventose an* 12.)

	fr.	c.
ouvrés, ne pouvant servir à la construction navale, sortant des départemens des Vosges, des Deux-Nèthes, de la Meuse-Inférieure, de l'Ourthe, des Forêts et de la Moselle, de la vallée de Lucelle, du district de Gex et du Mont-Blanc.........	5 p. $\frac{0}{0}$ de la val.	
Bois à la poignée, depuis St.-Gingolf jusqu'à Thonon, inclusivement............	5 p. $\frac{0}{0}$ de la val.	
Bois de marqueterie, de tabletterie, de buis, d'éclisse, feuillard................	4 p. $\frac{0}{0}$ de la val.	
Bois de teinture...........	4 p. $\frac{0}{0}$ de la val.	
Bois des rives du Rhin, de la Lys et de l'Escaut. (*Loi du 22 ventose an 12, art. 13.*)	5 p. $\frac{0}{0}$ de la val.	
Bonneterie.......	1	2
Bourre ou ploc de bœuf, de vache, de cheval, de cerf et autres animaux, excepté ceux dont la sortie est formellement prohibée.......	4	8
Brai sec ou gras, par terre et par navire français. (B.)...		50
par navire étranger (B.)...	1	
par la Méditerranée. (Prohibé.) (C.)		
Brou ou Ecorce de noix.....	3	6

C.

	fr.	c.
Cacao....................	1	2
Café.....................	1	2
Caillou à faïence ou porcelaine..................		51
Caractères d'imprimerie.....	4	8
Cartons fins à presser les draps. (C.)...................	1 p. $\frac{0}{0}$ de la val.	
Chandelles................	2	55
Chapeaux de poil et laine....		5 la pièce.
Charbon de bois, par les Deux-Nèthes, la Meuse-Inférieure, et les autres pays conquis sur le Rhin, la vallée de Lucelle et le pays de Gex..........		5 p. $\frac{0}{0}$ de la v.
Charbon de terre ou Houille, par l'Escaut ou par mer, le tonneau de mer..........		75
par terre, le millier pesant.	1	2
celui du pays de Nassau..		10
Chardons à drapiers et bonetiers..............	6	12
Chaux, les 15 quintaux 65 liv. métriques..............	1	
Chèvres, par les Pyrénées-Orientales, pendant six mois. (B.)...............		55 la pièce.
Chocolat.................		51
Cire blanche..............	1	2
Cire jaune................	10	20
Cloches...................	1	2
Clouterie, en fer et acier seulement..................		50
Cochenille................	1	2
Cochons, par terre.........		50 la pièce.
Cornes de bœufs, de vaches, cerfs, snacks, moutons, beliers et autres communes..	1	2
Coton en laine (C.).........	1	
Couperose.................	4	8
Couvertures de laine.......	1	2
Cuirs secs en poil étrangers, réexportés dans les six mois de l'arrivée.............		10 la pièce.
Cuivre ouvré..............	4	8
ceux laminés pour le doublage des vaisseaux et à fonds de chaudière; les barres à cheville, les cloux de cuivre rouge durcis au gros marteau, les cloux de cuivre allié pour le doublage et pentures de gouvernail, ne paient que le droit de balance. (B.)		

D.

	fr.	c.
Derle ou Terre de porcelaine.	1	2

E.

	fr.	c.
Eau-de-vie, 268 litr. $\frac{1}{10}$. (le muid)................		25
Ecaille d'ablette............	4	8
Ecorce de tan du canton de Lure (12,500 quint. métr. par an)................	1	2
Ecorce de tilleul pour cordages......................	8	16
Essandoles...............	4 p. $\frac{0}{0}$ de la val.	
Essence de térébenthine et térébenthine en pâte........		51
Etain ouvré..........	5	10
Etoffes....................	1	2

F.

	fr.	c.
Fers en gueuse.............	5	10
Fer-blanc................	2	55
Feuilles de myrte, et autres propres à la teinture et aux tanneries....	20	40
celles récoltées en Corse et nommées Mortina, à leur		

	fr.	c.
sortie de Corse seulement. (*Arrêté du 27 ventose an 11*)	2	
Fil-de-fer		50
Fil de lin et de chanvre retors, autre que de mulquinerie	2	55
Fil simple	20	40
Foin, par le pays de Gex, le charriot		50
la charrette		25
Forces à tondre les draps	5	la pièce.
Fouets. (comme Harnais.)		
Fromages		51
Fustel en feuilles ou branches.	2	4
G.		
Gaude ou Herbe à jaunir. (C.)	10	
Gommes	10	20
Goudron. (comme Brai.)		
Graine d'Avignon, ou Graine jaune d'usage en teinture	10	20
Graine de jardin et de mil ou millet	3	6
Graine de trèfle	5	
Gravelle ou Tartre de vin	7	14
Grenadier (*écorce de*)	2	55
H.		
Harnais de luxe	½ pour % de la val.	
Herbe à jaunir. (V. Gaude.)		
Herbe de maroquin	3	6
Herbes propres à la teinture, non dénommées dans le chapitre des droits d'entrée, et dans celui des droits de sortie	10	20
Huiles de graines, par les départemens réunis, et par les frontières de terre	2	55
Huiles de graines, par les autres départemens, et huiles de noix et de faîne	6	12
Huiles d'olive et d'amande	10	20
Huiles de poisson (B.)	2	50
Huitres fraîches		50 le ‰ en n.
L.		
Laines filées, propres à tapisseries	20	40
Laines filées d'autre sorte	51	
Laines non filées, étrangères, réexportées dans l'année de l'arrivée	2	4
Laiton ouvré, autrement qu'en planches	4	8
Légumes verds et jardinage		20
Lie de vin	2	4
Liége non ouvré	2	4
M.		
Malherbe, herbe pour la teinture	2	4
Mâts et pièces de rechange, en justifiant par les capitaines étrangers, du besoin et des causes qui le déterminent, (*Décision du 7 nivose an 11.*)	5 p. % de la val.	
Mélasse	2	55
Mercerie	1	2
uniquement de fer et d'acier, moitié.		
Meules de moulin (B.); la pièce au-dessus de 1 m. 949 mill.	30	
au-dessous de 1 m. 949 mill. à 1 m. 297 millimètres	20	
et au-dessous de 1 m. 297 m.	10	
Miel	2	55
Mousseline	1	2
Moutons, dépouillés de leur laine, pour l'Espagne		55 pièce.
Mules et Mulets, au-dessous d'un an, pour l'Espagne; et pour l'Helvétie, par le Mont-Terrible	5 pièce.	
N.		
Navires marchands construits pour compte espagnol. B. (1)	15 par tonn.	
Nerfs de bœufs et autres animaux	9	18
O.		
Os de bœufs, vaches et autres animaux	1	2
Ouates de coton	40	80
Ouvrages de bijouterie (2)... d'orfévrerie, qui comprennent les boîtes	½ pour % de la val.	

(1) L'autorisation du ministre de la marine doit précéder. (*Circulaire du 7 prairial an 11.*)

(2) Les diamans et pierreries devant seulement, ainsi que les montres, 15 cent. par 100 fr., le demi pour 100 n'est exigible que sur la valeur de la monture.

Par ouvrages de bijouterie on ne doit entendre que ceux dans la composition desquels les métaux précieux entrent comme matières principales. Ainsi les candelabres, vases et ornemens de cheminée, composés de bronze, cuivre doré, etc., ni les piédestaux dorés qui ornent les pendules, n'appartiennent pas à cette classe. Les bronzes ne doivent que 50 cent. : les autres objets, que le droit de balance. (*Lettre au directeur de Rouen, du 2 complémentaire an 5.*)

	fr.	c.
de montres	1 p. % de la val.	
Ouvrages en cuir, en maroquin et peaux maroquinées, et en souliers de femme	½ p. % de la val.	
en peaux, consistant en culottes, vestes, gilets et gants	1	2
Ouvrages en bronze	1	2
en acier et fer		50

P.

	fr.	c.
Pains ou Tourteaux de navette, oliette, rabette, chenevis, lin et colza (C.)	4	
Papier ordinaire	1 p. % de la val.	
Papier fin et papier mousse, à cartier et aux trois lunes	½ p. %.	
Parchemin neuf, autre qu'en bandes	12	24
Passementerie	1	2
Peaux passées en blanc ou mégie, bronzées ou chamoisées	1 p. %. de la val.	
Peaux de loutre et peaux sauvagines, non apprêtées	2 ½ p. %.	
Pierres à feu. (B.)	1 p. %.	
Planches, poutres et solives de pin, de 10 pieds et au-dessous, sortant pour l'Espagne par Saint-Jean-de-Luz et Port-Vendre, avec certificat qu'elles ne sont pas propres au service de la marine, et soumission de rapporter certificat d'arrivée du commiss. français, les planches	6	25 le %₀ en n.
les poutres		15 pièce.
les solives		5 pièce.
Plâtre, les 15 quintaux 65 liv. métriques	1	
Plomb ouvré	5	10
Poisson frais		*néant.*
Poissons de toute autre sorte	1	2
Poudre à poudrer. (comme Amidon.)		

Q.

	fr.	c.
Quincaillerie	1	2

R.

	fr.	c.
Redoul ou Rodoul (*feuilles de*)	1	53
Résine du crû français (comme Brai.) (B.)		
Rubans	1	2

S.

	fr.	c.
Savons exportés (1).		
Selles de luxe	½ p. % de la val.	
Soies cuites, propres à faire de la tapisserie	1	2 la livre n.
Soies à coudre, grenadine, rondellette et mi-perlée, le poids de chaque écheveau n'excédant pas 5 décagram. (B.) par kilogr		10
Soies provenant des six départemens de la 27ᵉ. division militaire (B.); par kil. net; savoir :		
Soies ouvrées en poil, trame et organsin, et à coudre.		
crues :		
à la douane de Lyon (sur ce qui sort par Marseille, Dunkerque, Calais, Cologne, Mayence, Strasbourg et Versoix.)	6	
à la douane de Turin (sur ce qui s'exporte par Nice.)	8	
rondelettes ou trames de douppions crues,		
à Lyon	2	
à Turin	4	
moresques, ou reste de soie :		
à Lyon		40
à Turin		60
fleuret et filoselle, ou Bourre de soie cardée :		
à Lyon		30
à Turin		40
bourre de soie non cardée :		
à Lyon	2	20
à Turin	3	50
Soies à coudre, teintes :		
à Lyon		10
à Turin		20
Soufre	1	2
Sucre rafiné, accompagné de l'acquit de paiement des nouveaux droits, jouit d'une prime de 25 fr. par 5 myriagrammes (B.)		
Sucres tapés en petits pains pour le Levant, doivent jouir de la même prime. (*Lettre du ministre de l'intérieur*,		

(1) Ils jouissent du remboursement des trois quarts des droits payés dans l'année sur les huiles entrées dans leur fabrication, en justifiant de ce paiement. (*Loi du 8 floréal an 11, art. 30.*)

La quantité d'huile nécessaire à la fabrication d'un quintal de savon blanc, rouge ou marbré, est fixée à 75 l. pesant. (*Décis. du 25 brumaire an 11.*)

	fr.	c.
du 22 prairial an 11.)		
Sumac	10	20
T.		
Tabac indigène en feuilles. (C.)	7	
en côtes	7	
Tabac fabriqué		51
Térébenthine en pâte		51
Terre de marne, la charretée de 2 milliers métriques pesant		31
Terre de pipe, le lest du poids de 2 milliers métriques	20	40
Toiles, même de linon	1	2
celles à voile conservent la faculté de sortir, nonobstant la guerre maritime. (*Décision du ministre, du 9 brumaire an 12.*)		
Toiles de coton imprimées, jouissent de la restitution du droit perçu à leur entrée en blanc. (C., art. 6.)		
Tournesol ou Morelle en drapeaux	3	55
Tourteaux. (V. Pains.)		
V.		
Vaches, pour l'Espagne et la partie de l'Helvétie qui confine au Mont-Terrible		75 pièce.
Veaux de six mois et au-dessous, par terre, la pièce		50
Vendanges et le moût, par les frontières des départemens du Pô, de la Doire, de Marengo, de la Sesia, de la Stura et du Tanaro. (1). C.	1	80
Vermicelli	2	55
Viande fraîche, par terre	1	2
Vin, les 268 litres $\frac{1}{5}$, correspondant au muid de 288 pintes, ancienne mesure de Paris.		
sortant par mer :		
par Bayonne et St.-Jean-de-Luz	1	
par les rivières de Garonne et Dordogne, lorsque la valeur du tonneau excède 200 fr.; le rouge	7	
le blanc	4	
par les mêmes rivières, lorsque la valeur du tonneau n'excède pas 200 fr.	2	50
par la Charente-Inférieure et la Vendée; le rouge	1	50
le blanc		50
par la Loire-Inférieure... rouge et même blanc, autre que du crû de ce département	2	
blanc, du crû de ce département		50
par l'Océan, depuis la rivière de Villaine inclusivement, jusqu'à Anvers aussi inclusivement	7	
par les Bouches-du-Rhône, le Var, les Alpes-Maritimes et la Corse. (B.)	1	50
par l'Hérault et les Pyrénées-Orientales	2	
A l'exportation par terre.		
De Lillo à la ligne du Rhin.	7	
par le Haut et Bas-Rhin, et les départemens qui ont le Rhin pour limite	1	25
par la Haute-Saône, le Doubs et le Jura		50
l'Ain, le Léman, le Mont-Blanc	1	
la 27e. division militaire.	5	
l'Arriège et les frontières d'Espagne	1	50
Vin muscat, par les mêmes départemens et les mêmes frontières	6	
A l'exportation par mer ou par terre indistinctement.		
Vin de liqueur de toute sorte.	6	
Vin en bouteilles ou en doubles futailles, et dans des futailles emballées ou à double fond	7	
Vinaigre. (comme le Vin, d'après les distinctions admises pour les bureaux de l'exportation.)		
Vinaigre de bière, par les départemens correspondans à celui du Nord	2 le muid.	
Vitriol	4	8

(1) Le même droit par les autres départemens, n'y ayant de franchise que pour le raisin qui est dans son état naturel de fruit, et propre à manger. (*Circulaire du 23 germinal an 12.*)

TARIF DES DROITS DE NAVIGATION,

D'APRÈS LE DÉCRET DU 27 VENDÉMIAIRE AN 2.

Ce tarif ayant pour objet de favoriser la construction et la navigation françaises, on a dû prendre des mesures pour empêcher les constructions et navigations étrangères de jouir des mêmes avantages.

Ainsi un bâtiment, quoique de construction française, n'en a les privilèges qu'autant que ses officiers et les trois quarts de l'équipage sont français. (*Loi du* 21 *septembre* 1793, *art.* 2.)

Les bâtimens appartenans aux îles de la Martinique, de Sainte-Lucie et Tabago, pour être reconnus nationaux, doivent produire un certificat des préfets coloniaux, qui atteste cette nationalité. (*Lettre du ministre de la marine*, *du* 10 *thermidor an* 10.)

Il a été également décidé que, quoique la loi du 19 mai 1793 ait permis l'entrée des navires étrangers, la francisation devait en être refusée.

Le navire étranger échoué ou devenu propriété française, pouvant être francisé quand il a reçu des réparations, dont le montant a été du quadruple du prix de la vente, il a fallu empêcher qu'il ne fût abusé de cette disposition.

La valeur doit être constatée par l'estimation de trois experts nommés d'office; l'un par la douane, l'autre par la marine, et le troisième par le tribunal de commerce. Cette estimation pourra avoir lieu devant les officiers du port, et le procès-verbal en sera dressé par triple expédition : ainsi convenu entre les ministres des finances et de la marine, le 29 thermidor an 10.

On ne doit délivrer d'acte de francisation à ces bâtimens que sur la représentation du contrat de propriété française et du procès-verbal en due forme des réparations faites au quadruple; l'acte expédié doit relater l'une et l'autre. (*Circulaire du* 7 *fructidor an* 10.)

Acte de francisation.

D'après l'art. 26, il est dû par un bâtiment, jusqu'à 100 tonneaux inclusivement........ 9fr.

De 100 tonneaux jusques et y compris 200 18

De 200 tonneaux et au-dessous de 300.... 24

De 300 tonneaux et au-dessus, 6 francs de plus par chaque cent tonneaux.

L'inscription au dos de cet acte, de la vente de partie du bâtiment. (*Art.* 17.).......... 6

On ne doit que le même droit, quoique le bâtiment soit vendu en totalité.

Si on le vendait en quatre portions distinctes, il y aurait quatre endossemens; il serait dû autant de 6 francs.

Celui qu'un héritage rend propriétaire d'un bâtiment doit le droit, parce qu'il y a mutation de propriété à inscrire. (*Décision du* 2 *germinal an* 7.)

Si, lors d'une seconde vente ou transmission, on reconnaissait que celle antérieure n'aurait point été inscrite, il faudrait faire payer, avec le second droit, le premier non acquitté.

Les ventes de navires peuvent être reçues par les courtiers. (*Lettre du ministre*, *du* 15 *ventose an* 12.)

Congé.

Pour un bâtiment non ponté. (*Art.* 6.)..... 1fr.

Un bâtiment ponté, au-dessous de 30 tonneaux. (*Même art.* 6.)................ 3

Un bâtiment ponté, de 30 tonneaux et au-dessus. (*Art.* 26.)...................... 6

Quoique ces derniers congés ne soient valables que pour un voyage, les bâtimens expédiés pour un port étranger peuvent y prendre des chargemens à toute destination; mais ils sont tenus de revenir dans un port de France, à l'effet d'y renouveler leurs congés, au moins dans le cours de l'année. (*Décision du* 5 *pluviose an* 11.)

Souvent un navire expédié d'un port pour un autre, de France, ne revient pas directement dans le port du départ; si dans celui de sa destination il prend un chargement pour l'étranger ou pour un autre port de France, il fait un second voyage; dès-lors il doit renouveler son congé. (*Même décision.*)

Les bâtimens employés dans le Levant, qui ne seront pas revenus en France une année après la date du congé qui leur aura été délivré lors de leur départ, paieront double le droit du premier congé qui leur sera expédié à leur retour. Les armateurs et capitaines seront même tenus de justifier, par des certificats des commissaires des relations commerciales, des causes qui auront empêché les bâtimens de revenir en France dans le délai d'une année.

A l'égard de ceux qui ne seraient pas revenus en France dans l'espace de deux années, la soumission qu'ils auront souscrite, conformément à l'article 11 de la loi du 27 vendémiaire an 2, sera exécutée. (*Même décision.*)

Passe-port.

Passe-port nécessaire à un bâtiment étranger, par assimilation à un certificat. (*Art.* 37.) . . . . 1fr.

Droit de tonnage.

Sa quotité par tonneaux (1).

Un bâtiment français au-dessus de 30 tonneaux, venant d'un port français sur l'Océan dans un autre port sur l'Océan, ou d'un port français sur la Méditerranée dans un autre sur la Méditerranée, doit (*art.* 30) 15 centimes;

Venant d'un port français sur l'Océan dans un sur la Méditerranée, et réversiblement (*même article*) 20 centimes;

Venant des colonies et comptoirs des français en Asie, en Afrique, en Amérique, dans un port de France (*art.* 31), 30 centimes.

Tout bâtiment étranger (2) venant dans un port de France (*art.* 33), 2 fr. 50 centimes.

Droit de tonnage, relativement aux chargemens et déchargemens dans différens ports.

Un bâtiment étranger qui, après avoir chargé des productions nationales dans un port de France, va compléter sa cargaison en marchandises aussi nationales dans un autre port où il ne fait pas de déchargement et ne reçoit point de réparation, n'est assujéti qu'à un seul droit de tonnage. (*Décision du 8 frimaire an* 10.)

Cette faveur n'aurait point lieu si une partie de la cargaison était composée de productions provenantes de nos entrepôts de marchandises étrangères (*Circulaire du 11 frimaire, même année.*)

Il ne serait également dû qu'un droit de tonnage sur un bâtiment dont la majeure partie du chargement consisterait en comestibles, quoique le déchargement s'en fit dans plusieurs ports, et que, même après, ce navire allât sur son lest dans un autre port pour y prendre un chargement de retour.

Droit de tonnage relativement aux relâches forcées.

Le droit de tonnage est essentiellement droit : d'abord perceptible par le seul fait de l'entrée d'un navire dans nos ports; aussi est-il dû, même dans le cas de relâche forcée, (*Loi du 4 germinal an 2, tit.* 2, *art.* 6.) et quand même le bâtiment ne resterait pas vingt-quatre heures dans le port.

Il est dû par un bâtiment échoué, conduit dans un port pour y être radoubé.

Mais on a excepté les bâtimens étrangers à destination pour un port de France, entrant par détresse dans un autre port, lorsqu'ils n'y font aucune opération de commerce ou n'y reçoivent pas de réparations;

Ceux qui, chargés dans un de nos ports, sont forcés de relâcher dans un autre en retournant à l'étranger;

Les bâtimens français expédiés d'un port de la république à un autre, lorsque dans ceux de relâche ils ne déchargent pas de marchandises (*Décision du 7 nivose an* 11.)

Les lettres des ministres des finances et de la marine exigent même que, pour donner lieu dans ce cas à la perception, il soit déchargé ou chargé une partie essentielle de la cargaison.

Bâtimens exempts du droit de tonnage.

Français de 30 tonneaux et au-dessous. (*Art.* 30.)

Français, même au-dessus de 30 tonneaux, venant de la pêche, de la course ou d'un port étranger. (*Art.* 32.)

(Les premiers ne doivent avoir à bord que le produit de leur pêche; les seconds que les marchandises composant la cargaison du navire pris.)

Bâtiment naviguant seulement dans l'intérieur des rivières, sans emprunt de la mer. (*Décision du 11 fructidor an* 5.)

Bâtiment de la marine nationale, et ceux français ou étrangers frétés pour le compte de la république. (*Art.* 3.)

Bâtiment parlementaire, à l'usage unique du gouvernement, encore bien qu'à son retour il prenne des marchandises ou des passagers. (*Décision du 3 nivose an* 5.)

Bâtiment pris sur les ennemis de l'état.

Bâtiment qui, forcé d'entrer dans un port et d'y décharger sa cargaison, est condamné comme ne pouvant plus tenir la mer. (*Décision du 7 brumaire an* 6.)

Bâtiment échoué, dont le capitaine fait l'abandon, encore que la cargaison soit sauvée. (*Decision du 7 frimaire an* 3.)

Bâtiment trouvé abandonné, et appartenant en conséquence à la république, comme épave de mer.

Droits d'expédition (1); *leur quotité.*

Le droit d'expédition, d'entrée et de sortie d'un bâtiment étranger de 200 tonneaux et au-dessous, etc. (*Art.* 35.) . . . . 18fr.

(1) Ce droit étant imposé sur la contenance et non sur le volume du navire, les dimensions pour la jauge doivent toutes être intérieures. (*Circulaire du 8 thermidor an* 10.)

Il n'est exigible que vingt jours après l'arrivée du bâtiment; mais il doit être acquitté avant le départ.

(2) Quand même le bâtiment ne porterait que des passagers. (*Décision du 3 nivose an* 5.)

(1) Le bâtiment exempt du droit de tonnage, l'est aussi de ceux d'expédition. (*Decision du 25 pluviose an* 2.)

On a également affranchi du droit d'expédition les barques espagnoles de quatre à cinq tonneaux qui, en retournant de

Au-dessus de 200 tonneaux. (*Même article.*) 36[fr.]

Bâtiment français de 30 à 150 tonneaux. (Il n'est rien dû jusqu'à 30 inclusivement.) (*Art.* 36.)............................ 2

De 150 à 300 (*Même article.*).......... 6

Au-dessus de 300 tonneaux. (*Même article.*) 15

Droits d'acquit (1). *Permis* (2) *et Certificat.*

Pour tout acquit, permis et certificat relatif à une cargaison étrangère. (*Art.* 37.)...................... 1[fr.]

Pour cargaison française. (*Même article.*)........................ 50[c.]

Bâtimens pour la pêche.

Les bâtimens français venant de la pêche ne paient aucun droit de tonnage. (*Art.* 22.)

L'immunité accordée à ces bâtimens est étendue à ceux qui les suppléent, en transportant les produits de la pêche aux lieux les plus avantageux de la vente. (*Décision du* 28 *pluviose an* 10)

Les congés délivrés pour ces bâtimens valent pendant un mois, quel que soit le nombre d'expéditions faites pendant ce tems. (*Décision du* 27 *nivose an* 8.)

Mais ils sont sujets au droit de permis pour le déchargement du produit de leur pêche. (*Décision du* 25 *pluviose an* 5.)

Smogleurs dont la contenance n'excède pas 50 tonneaux.

Ils ne paient que 1 fr. 25 cent. par tonneau de droit de tonnage à l'entrée des ports de la Manche, lorsqu'ils sont seulement chargés de laines brutes et autres matières premières qui n'acquittent à l'entrée que le droit de balance, et ils sont affranchis du droit d'expédition.

Il en est de même de ceux qui, venus sur leur lest, chargent en retour des thés, vins, eaux-de-vie et autres productions de notre sol, de notre industrie, exemptes de droits de sortie, ou qui n'en paient que de modiques. (*Arrêtés des* 21 *frimaire an* 10 *et* 10 *frimaire an* 11.)

La fixation du droit à 1 fr. 25 cent. par tonneau étant positive et absolue, le demi-droit additionnel n'est pas dû. (*Décision du* 26 *pluviose an* 11.)

Paquebots.

Les paquebots français doivent être francisés dans les formes et avec les formalités ordinaires. (*Lettre du ministre des finances au commissaire-central près l'administration des postes, du* 28 *pluviose an* 10.)

Exploités par cette administration, ils sont considérés comme bâtimens de l'état lorsqu'ils ne transportent que les dépêches et les passagers. (*Décision du* 15 *floréal an* 10.)

Navires neutres autorisés à faire le cabotage.

Toutes les permissions accordées ont été révoquées. (*Décision du ministre de l'intérieur, du* 20 *vendémiaire an* 11.)

Les préfets maritimes ont seulement été autorisés à permettre aux fournisseurs de bois pour la marine de fréter des navires étrangers, lorsqu'il sera constaté qu'il n'en existe pas de nationaux propres à ce genre de cabotage. L'expédition ne s'en effectuera que sur la demande par écrit du chef d'administration du port au directeur des douanes. (*Lettre du ministre de la marine du* 1er. *brumaire an* 11.)

Ces navires n'ont à payer jusqu'à présent d'autres droits de navigation que ceux imposés sur bâtimens français. (*Suite de l'arrêté du* 17 *thermidor an* 3.)

Mais les ministres de la marine et de l'intérieur, qui se trouvent dans la nécessité d'accorder ces autorisations pour des munitions navales ou des subsistances, peuvent subordonner cette faveur à tel droit de tonnage ou autres qu'ils jugent convenable.

Demi-droit de tonnage.

Il sera perçu sur les navires français et étrangers une contribution égale à la moitié du droit de tonnage. (*Loi du* 14 *floréal an* 10.)

Le produit de ce nouveau droit qui, suivant une lettre du ministre du 23 du même mois, est passible du décime par franc, et dont les receveurs des douanes seront dépositaires, est uniquement destiné aux frais de réparation et d'entretien des ports où le recouvrement s'en effectue.

C'est par ce motif que la perception doit être effectuée sur les bâtimens qui naviguent pour le compte des agens de la marine. (*Décision du* 28 *nivose an* 11.)

Les bâtimens français de 30 tonneaux et au-dessous étant exempts du droit de tonnage, ne sont point passibles de ce demi-droit. (*Décision du* 29 *thermidor an* 10.)

Les smogleurs, dans les cas prévus par les arrêtés énoncés sous ce mot, n'y sont également point assujétis. (*Décision du* 26 *pluviose an* 11.)

France en Espagne, cherchent, pendant la nuit, un abri dans un port de la Méditerranée. Ils ne doivent dans leurs diverses relâches, soit volontaires ou forcées, que le droit de tonnage, suivant les circonstances. (*Décision du* 19 *brumaire an* 10, *et circulaire n°* 22.)

Mais ce droit est dû par un bâtiment parlementaire qui charge au retour des marchandises ou des voyageurs. (*Décision du* 3 *nivose an* 5.)

Par le navire sortant du port pour la première fois.

(1) Il doit être perçu un droit particulier d'acquit pour chaque expédition. (*Décision du* 17 *floréal an* 5.)

Ce droit n'étant qu'accessoire, n'est dû qu'autant qu'il y a lieu au paiement d'un droit principal de navigation.

(2) Le droit de permis est dû sur chaque déclaration de chargement ou de déchargement. (*Décision du* 17 *floréal an* 6.)

Mais il n'en est délivré qu'un pour la même partie de marchandises, quelle que soit la durée de son chargement et déchargement

Ce droit est dû sur les bâtimens naviguant en rivière, dès qu'ils ont trente tonneaux. (*Décision du* 17 *floréal an* 5.)

Les habitans de l'île de Bréhat ne paient qu'un seul droit de permis pour le chargement et déchargement des objets qu'ils font venir de la Terre-Ferme, sur des barques de quatre à cinq tonneaux. (*Arrêté du* 25 *brumaire an* 6.)

Les provisions de beurre et de tabac à l'usage des équipages en sont dispensées, ainsi que les navires sortant ou entrant sur leur lest.

PRODUCTIONS COLONIALES.

Denrées coloniales françaises.

Les droits d'entrée et de consommation auxquels elles sont sujettes, seront perçus au net sur les sucres bruts, têtes et terrés, café, cacao et poivre. (*Loi du 8 floréal an* 11, *art.* 10.)

La tare à déduire sera, pour les sucrets bruts en futailles, de 15 p. %; pour les sucres têtes et terrés, le café, le cacao et les poivres, aussi en futailles, de 12 p. %; elle ne sera que de 3 p. % sur les cafés, cacao et poivres en sacs. (*Art.* 11.)

L'admission desdites denrées et productions n'aura lieu que par les ports qui ont un entrepôt fictif; savoir : Nice, Toulon, Marseille, Cette, Bayonne, Bordeaux, Rochefort, la Rochelle, Nantes, Lorient, Brest, Morlaix, Saint-Malo, Grandville, Cherbourg, Rouen, le Havre, Honfleur, Fécamp, Dieppe, Saint-Vallery-sur-Somme, Boulogne, Calais, Dunkerque, Ostende, Bruges et Anvers. (*Art.* 12.)

Gand y a été ajouté. (*Loi du* 22 *ventose an* 12, *art.* 22.)

Nota. Les cargaisons de ces denrées qui arriveraient par d'autres ports seraient traitées comme étrangères.

Les droits désignés au tarif sous le nom de droits d'entrée, seront acquittés à l'arrivée. (*Loi du* 8 *floréal an* 11, *art.* 13.)

Les denrées et productions assujéties au droit désigné au tarif sous le nom de droit de consommation, jouiront de la faculté de l'entrepôt, sous la soumission cautionnée de les réexporter, ou de payer ledit droit au moment où elles sortiront de l'entrepôt pour la consommation. (*Art.* 14.)

La durée de l'entrepot ne pourra excéder le terme d'une année. (*Idem.*)

Les négocians et autres qui déclareront pour l'entrepôt les sept espèces de denrées des colonies françaises, dénommées au tarif n°. 1er., annexé à la présente loi, seront tenus de déclarer aux bureaux des douanes, avant la mise en entrepôt, les magasins où ils renfermeront leurs marchandises, et de faire leur soumission de les représenter en mêmes qualité et quantité, toutes les fois qu'ils en seront requis, avec défense de les changer de magasin sans déclaration préalable et permis spécial de la douane, à peine de payer immédiatement les droits, en cas de mutation non autorisée, et du double droit dans le cas de soustraction absolue, indépendamment d'une amende qui pourra s'élever au double de la valeur de la marchandise soustraite. (*Art.* 15.)

Les marchandises non dénommées au tarif, et qui seront justifiées provenir du crû des colonies françaises, paieront moitié des droits imposés sur les mêmes objets venant de l'étranger. (*Art.* 18.)

TARIF DES DROITS SUR CES DENRÉES.

Nota. On les a calculés au quintal poids métrique.

Marchandises qui peuvent jouir de l'entrepôt.	DROITS D'ENTRÉE fr.	c.	DE CONSOMMATION fr.	c.
Cacao	6		44	
Café	6		44	
Confitures / Mélasses	1	50	14	50
Poivre venant de Cayenne et des Isles-de-France et de la Réunion sur navires français			30	
Sucres bruts	5		27	
Sucres têtes et terrés	4	50	45	50

Marchandises qui ne peuvent jouir de l'entrepôt.	DROITS D'ENTRÉE fr.	c.
Bois d'acajou et de marquetterie	10	
Bois de Cayenne. (*Décis. du* 16 *pluviose an* 12.)	10	
Caret ou écaille de tortue	30	
Casse	6	
Coton	2	
Cuirs secs en poil, la pièce		25
Gingembre	6	
Indigo	10	
Liqueurs, le litre	1	
Rocou	4	
Tafia, l'hectolitre	10	

Les droits de sortie de la Martinique, sur les denrées qui en sont expédiées, sont de 2 pour 100 de la valeur. (*Arrêté du capitaine-général et du préfet, du 11 nivose an 11.*)

Il doit être perçu à l'arrivée en France, sur celles de ces denrées qui ont été chargées sous voile, conformément à l'article 21 de la loi du 10 juillet 1791. (*Circulaire du 6 floréal an 11.*)

Réexportation par mer des sucres, cafés et cacao venus de nos colonies.

Les sucres, café et cacao qui sortiront de l'entrepôt pour passer par mer à l'étranger, paieront un nouveau droit, qui sera par 5 myriagr. sur

lè sucre brut, de......................	4	50
Sur le sucre tête et terré, de........	7	50
Sur le café, de....................	6	
Sur le cacao, de....................	7	

Sucre raffiné exporté.

Il sera payé aux raffineurs, pour les sucres raffinés en France qui seront exportés à l'étranger, une prime de 25 fr. par 5 myriagr. (*Loi du 8 floréal an 11, art. 17.*)

L'exportation ne pourra être faite que par les ports indiqués par l'art. 12 ou par les passages de Versoix, Bourg-Libre, Strasbourg, Mayence, Cologne, le Sas-de-Gand, Verceil et Pozzolo. (*Même article.*)

La prime ne pourra être réclamée qu'autant que l'expédition sera accompagnée d'un certificat du raffineur, duement légalisé. Ce certificat sera envoyé au directeur-général des douanes, avec le certificat de sortie à l'étranger, pour ordonner le paiement de la prime sur une des caisses de recette des douanes. (*Même article.*)

Les raffineurs qui tirent des entrepôts des sucres bruts, têtes ou terrés, jouissent, pour le paiement des droits de consommation, d'un crédit de quatre mois, en fournissant aux receveurs des douanes leurs obligations valablement cautionnées. (*Loi du 22 ventose an 12, art. 25.*)

Denrées coloniales étrangères.

Les droits auxquels elles sont sujettes seront payés à l'arrivée, à moins que les marchandises ne soient mises en entrepôt réel, qui ne pourra excéder un an. (*Loi du 8 floréal an 11, art. 20*)

Lesdites denrées qui seront mises en entrepôt, ne devront à leur entrée que le droit de la balance du commerce; et en cas de réexportation, elles seront exemptes de tous droits à la sortie. (*Art. 21.*)

En sortant de l'entrepôt pour entrer dans l'intérieur, elles acquitteront les droits portés au tarif. (*Art. 22.*)

Ces droits sont énoncés au tarif général.

Tarif des droits sur les marchandises du commerce français au-delà du Cap de Bonne-Espérance.

Productions des îles de France, de la Réunion et de Mozambique.

Elles sont traitées comme celles venant de nos colonies d'Amérique.

Celles pour lesquelles on ne représente pas, lors de la déclaration, des certificats d'origine délivrés par les administrateurs desdites colonies, sont traitées comme étrangères. (*Loi du 6 juillet 1791, art. 17.*)

Marchandises de l'Inde.

Les étoffes de soie, ou dans lesquelles il en entre, et celles d'écorce d'arbres, ont seules été prohibées par la *loi du 15 mars 1791, art. 5.*

Les basins, par la *loi du 10 brumaire an 5.*

Celles exemptes des droits d'entrée sont les coquilles de nacre ou nacre brute, dents d'éléphant, écaille, étain de Malach, rotins. (*Loi du 15 mars 1791, art. 1.*)

Toiles rayées et à carreaux, et guinées bleues, destinées au commerce d'Afrique. (*Art. 9.*)

Celles sujettes à des droits d'entrée particuliers, sont ci-après.

A.

Aloës, le quintal (1)........	4fr.	8
Ambre gris, la livre net.....	15	30
Anis étoilé, ou badiane des Indes..................	5	10
Antolphe de girofle. (*Voyez* Girofle.)		
Assa fœtida................	3	6

B.

Bambous..................	40	80
Benjoin..................	10	20
Borax....................	3	6

C.

Cabarets de la Chine........	40	80
Cachou..................	12	24
Camphre..................	6	12
Cannelle de Chine..........	18	36
Cannes ou joncs non montés..	40	80
Cassia lignea. (comme Cannelle.)		

(1) Lorsqu'il n'est pas énoncé que le droit est dû à la pièce ou la livre, il faut le percevoir au quintal, poids métrique.

Le droit est dû au poids brut, quand il n'est point exprimé qu'il est perceptible au net.

	fr.	c.	
E.			
Ecrans de la Chine..........	40	80	
Encens....................	5	10	
Encre de la Chine..........	40	80	
Esquine. (V. Squine.)			
Eventails de la Chine........	40	80	
F.			
Filières de nacre. (On nomme ainsi une branche de perles enfilées.)...............	40	80	
G.			
Galbanum.................	4	8	
Girofle, au net.............	51		
Gomme ammoniaque.......	3	6	
Gomme arabique..........	1	2	
Gomme copale, laque en feuil.	6	12	
Gomme gutte..............	20	40	
J.			
Joncs. (V. Cannes.)			
M.			
Muscade, la livre net.......		68	
N.			
Noix vomique.............	1	2	
O.			
Ouvrages vernis...........	40	80	
P.			
Plateaux de Chine..........	40	80	
Poivre. (C.)...............	40		
Porcelaine bleue et blanche....	18	36	
d'autre couleur ou dorée..........	51		
R.			
Rhubarbe.................	18	36	
Roses de Provins...........	5	10	
S.			
Sagou....................	10	20	
Soie écrue de Nankin, et soie du Bengale.............		51	la liv. n.
Soie à coudre, crue.........	1	2	la liv. n.
Soie teinte................	1	2	la liv. n.
Squine....................	3	6	
T.			
Tamarin..................	2	53	
Thé......................	10	20	

Les marchandises non dénommées ci-dessus, doivent les droits portés par le tarif général. (*Loi du* 15 *mars*, 1791, *art.* 7.)

Les guinées bleues, mouchoirs, mousselines, toiles de coton, toiles rayées et à carreaux, entreposées à Lorient et à Toulon, jouissent, à la réexportation par mer, de la restitution de la moitié des droits acquités. (*Loi du* 15 *mars* 1791, *art.* 8.)

Si des toiles de coton unies avaient été déclarées pour être imprimées à la destination du commerce d'Afrique, elles jouiraient de la restitution du droit acquité après qu'il aurait été justifié qu'elles ont été imprimées en France, réintégrées en entrepôt, et embarquées pour la côte d'Afrique. (*Art.* 9.)

Tabacs étrangers en feuilles.

Ils continuent à jouir de l'entrepôt dans les villes où il est établi, et peuvent y rester pendant dix-huit mois sans payer le droit d'entrée; passé ce tems il sera perçu. (*Loi du* 5 *ventose an* 12, *art.* 20, *et loi du* 22 *ventose an* 12.)

Nota. Ces villes sont Bayonne, Bordeaux, la Rochelle, Nantes, Lorient, Morlaix, Saint-Malo, le Havre, Dieppe, Dunkerque, Ostende, Anvers, Cologne, Mayence, Strasbourg, Marseille et Cette. (*Loi du* 29 *floréal an* 10.)

L'importation sans entrepôt a lieu par Urdingen pour la fabrique de Crevelt. (*Decis. du* 26 *fructidor an* 11.)

Le droit d'entrée sera perçu, soit à la sortie de l'entrepôt, si les tabacs y sont entrés, soit à la sortie de la douane, si l'expédition pour l'intérieur a lieu immédiatement. (*Art.* 21.)

Dans l'un et l'autre cas, il sera perçu, par parties égales, en traites ou obligations suffisamment cautionnées à trois, six, neuf et douze mois de terme. (*Même article.*)

Nota. Ceux venus par mer ne jouissent de la réduction du droit qu'autant qu'ils ont été importés directement des Etats-Unis d'Amérique, des colonies espagnoles, de l'Ukraine ou du Levant, par navires français. (*Arrêté du* 16 *thermidor an* 8, *et décisions des* 24 *messidor an* 10 *et* 18 *floréal an* 12.

Ces tabacs ne peuvent sortir de la douane, ni de l'entrepôt, pour entrer dans l'intérieur, sans une déclaration indicative de la fabrique, où ils doivent être mis en œuvre (1). (*Art.* 23.)

Ils doivent, en outre, être accompagnés d'un acquit-à-caution (2) qui, dans le délai porté audit acquit et déterminé en raison des distances, doit être

(1) Pour justifier de l'activité de la fabrique, on doit présenter un certificat du maire du lieu où elle est établie, légalisé par le sous-préfet, et attestant l'activité de ladite manufacture.

(2) Ceux étrangers pour lesquels cette condition n'est pas remplie, sont saisissables par-tout. La formalité de l'acquit-à-caution entraîne celle du plomb. (*Circulaire du* 6 *germinal an* 12.)

représenté à leur entrée en fabrique, au préposé de la régie des droits réunis, pour être déchargé par lui, sous peine d'une amende égale au quadruple du droit de fabrication des tabacs qui en sont l'objet, et dont le recouvrement doit être poursuivi contre le soumissionnaire par le receveur de la douane qui a délivré l'acquit-à-caution. (*Art.* 24.)

Un extrait du registre de décharge de ces acquits sera remis par le préposé de la régie des droits réunis au directeur de l'arrondissement, qui, après l'avoir légalisé, l'adressera au directeur-général des douanes. (*Art.* 25.)

Celui trouvé dans l'intérieur sans être muni d'un acquit-à-caution, ou sans qu'il soit justifié qu'il est sorti de l'entrepôt des douanes avec cette formalité, doit être saisi et confisqué (1). (*Art.* 26.)

La vérification du chargement ne peut se faire qu'à l'entrée en fabrique. (*Même article.*)

S'il s'y trouve une quantité de tabac en feuilles supérieure à celle portée dans l'acquit-à-caution, et que cette quantité excède d'un dixième le poids pour lequel l'acquit-à-caution a été délivré, il y a lieu à la confiscation de la totalité du chargement (2). (*Même article.*)

Au-dessous du dixième, il y a lieu seulement au paiement du droit d'entrée pour l'excédant. (*Même article.*)

Ces tabacs jouissent, comme par le passé, de la faculté d'être réexportés à l'étranger, en sortant de l'entrepôt, sans payer de droit. (*Art.* 28.)

Toiles de coton blanches réexportées après l'impression pour laquelle elles avaient été importées.

Le droit perçu à l'entrée des toiles blanches pour impression, sera restitué, lorsque ces mêmes toiles sortiront de France après avoir été imprimées. (*Loi du 22 ventose an* 12, *art.* 6.)

Celles qui à l'entrée seront déclarées pour être imprimées, et rétrograder ensuite à l'étranger, acquitteront provisoirement ce droit.

Le remboursement n'aura lieu, d'après les articles 11 et 12 de la loi du 7 septembre 1792, que lorsque la sortie s'effectuera dans l'année de l'importation, par le même bureau et sans changement de main.

Pour prévenir les abus, on fait à l'entrée une vérification très-exacte, telle, d'ailleurs, que le nécessite la perception du droit proportionnel, et chaque pièce est marquée à la rouille aux deux extrémités, avec une empreinte portant en toutes lettres, ou par abréviation, le nom du bureau et ces mots : *Toiles déclarées pour l'impression.* La reconnaissance de cette marque, jointe à celles des poids et dimensions énoncés dans l'acquit de paiement qui les accompagne, constate l'identité, lorsqu'elles sont présentées à la sortie.

Chaque réexportation effectuée est certifiée au dos de l'acquit. Le directeur vise ce certificat, et en adresse l'expédition au directeur-général, pour être revêtu d'un ordre de remboursement. (*Circulaire du 23 germinal an* 12.)

Droits de magasinage.

Les propriétaires des marchandises qui, à défaut de déclaration détaillée, ont été déposées dans le magasin de la douane, sont tenus d'un droit particulier de magasinage d'un pour cent de la valeur. (*Décret du 4 germinal an* 2, *titre* 2, *art.* 9.)

Le droit n'est que de demi pour cent sur les objets déchargés par suite d'une relâche forcée, et rechargés, faute de vente. (*Art.* 6.)

Le droit de magasinage, d'un pour cent, est dû, après trois mois d'entrepot, sur les marchandises provenant de confiscation. (*Lettre du ministre, du 28 floréal an* 8.)

Marchandises avariées.

Les avaries ne donnent lieu à réduction de droits que dans le cas d'échouement ou autres accidens de mer constatés suivant les formes prescrites, et qui emportent recours contre les assureurs. (*Loi du 8 floréal an* 11, *art.* 79.)

La réduction n'a pas lieu pour le tabac en feuilles. Lors de la reconnaissance qui en est faite, les particuliers ont la faculté d'en distraire les parties avariées pour être brûlées ou réexportées, sans qu'ils puissent séparer la tige des feuilles. (*Loi du 29 floréal an* 10, *art.* 7.)

Elle ne peut également être demandée sous prétexte d'avarie survenue dans le transport des marchandises par mutation d'entrepôt. (*Décision du 28 nivose an* 11.)

Si celui à qui une marchandise avariée est adressée, en fait l'abandon par écrit, il est dispensé d'en payer les droits. (*Loi du 22 août 1791, tit.* 1, *art.* 4.)

Marchandises qui ont été mésestimées.

Le tarif impose plusieurs objets à tant pour cent de la valeur, et ce qui est omis au chapitre des droits d'entrée acquitte à la valeur.

Le préposé doit percevoir le droit sur la valeur déclarée, ou retenir la marchandise, en annonçant qu'il paiera la valeur déclarée et le 10e. en sus, dans les quinze jours qui suivront la notification du procès-verbal de retenue. (*Loi du 4 floréal an* 4, *art.* 1.)

La retenue n'est soumise à d'autre formalité que celle de l'offre souscrite par le receveur du bureau,

(1) Cette disposition n'infirme pas l'article 8 de la loi du 9 floréal an 10, qui, outre la confiscation, inflige un droit double à défaut d'acquit-à-caution, dans les deux myriamètres des côtes et frontières.

(2) Ces excédans intéressent les douanes qui ont à répéter le droit fraudé à l'importation. La peine des excédans du dixième étant la confiscation, le droit sera prélevé sur le produit des tabacs confisqués, et il sera payé par les soumissionnaires pour les excédans de l'autre classe.

et signifiée au propriétaire ou à son fondé de pouvoirs. (*Art.* 2.)

Isles françaises en Europe qui ont pour les douanes un régime particulier.

Isles d'Yeu, Ouessant, Mollenne, Hédic et Isle-des-Saints.

Ces îles ne sont point sujettes aux droits du tarif. Leurs habitans peuvent néanmoins introduire, en exemption de droits, les sels et les produits de leur pêche, et recevoir les bois nécessaires à leur consommation. (*Loi du* 10 *juillet* 1791.)

L'art. 5 du titre Ier. de la loi du 4 germinal an 2, exempte les autres denrées et productions du sol; il porte encore qu'il ne pourra être importé desdites îles aucun objet manufacturé, tant qu'il ne sera pas justifié qu'il est le produit de manufacture y existante et reconnue par le gouvernement.

Isles de Groix, de Bouïn et de la Crosnière.

La perception des droits de douane a lieu à l'entrée et à la sortie des îles de Groix, Bouin et la Crosnière; et, cependant, pour empêcher qu'elles servent d'entrepôt à des productions étrangères, les habitans desdites îles peuvent seulement apporter, en exemption de droits, les produits de leur culture et de leur pêche. Toute autre importation est traitée comme étrangère, si elle n'est accompagnée d'un acquit des droits payés à l'entrée desdites îles. (*Loi du* 10 *juillet* 1791, *art.* 1.)

Ils peuvent encore importer, en exemption, les autres denrées et productions de leur sol, mais non des objets manufacturés. (*Loi du* 4 *germinal*, *tit.* 1, *art.* 5.)

L'article IV du titre Ier. du décret du 4 germinal an 2, défendait l'admission dans les îles ci-dessus, hors le cas de relâche forcée, des bâtimens étrangers et des bâtimens français venant de l'étranger. Il y a été dérogé pour l'île de Noirmoutiers, par arrêté du 2 thermidor an 10, qui rétablit les relations commerciales entre cette île et l'étranger, ainsi qu'elles existaient avant le décret du 4 germinal.

Isle de Corse : régime particulier.

Les lois de la république française, relatives aux importations et exportations, sont exécutées dans cette île. (*Loi du* 8 *floréal an* 11, *art.* 64.)

Les marchandises et denrées, expédiées du continent français pour cette île, ne sont soumises à aucun droit de sortie et d'entrée. (*Art.* 65.)

Les marchandises et denrées du crû et des fabriques de cette île, sont également exemptes des droits de sortie et d'entrée, lorsqu'elles sont envoyées sur le continent français, et qu'elles sont accompagnées d'un certificat d'origine et d'une expédition de la douane du port d'embarquement. (*Art.* 66.)

Les objets dont l'exportation à l'étranger est prohibée, ne peuvent être expédiés du continent pour cette île, que sur des permissions particulières du gouvernement. (*Art.* 67.)

Les marchandises étrangères dont l'importation n'est pas défendue, qui, après avoir été introduites en Corse, sont expédiées pour le continent, n'y sont admises, en exemption de droits, qu'en représentant les acquits de paiement de ceux qui ont été perçus à leur entrée dans cette île, et une expédition de la douane du port d'embarquement. (*Art.* 69.)

Les marchandises manufacturées en Corse, et de l'espèce de celles dont l'importation est défendue, qui sont expédiées de cette île pour les ports du continent, n'y sont admises qu'en justifiant, par des certificats authentiques, qu'elles ont été fabriquées en Corse. (*Art.* 70.)

Belle-Isle et Noirmoutiers.

Les dispositions des art. 65, 66, 67, 69 et 70 de la loi du 8 floréal an 11, relatives au régime de l'île de Corse, sont communes à Belle-Isle et Noirmoutiers. (*Art.* 72.)

Isle d'Elbe.

Ses ports et son territoire sont francs des droits de douane. (*Loi du* 8 *floréal an* 11, *art.* 73.)

Les droits de navigation y ont été établis.

Entrepôt.

On nomme ainsi l'asyle donné à une marchandise, en attendant sa destination ultérieure.

Il a été continué aux commerces du Levant, de l'Inde, d'Afrique et des colonies françaises, auxquels il était indispensable; conservé aux tabacs en feuilles et aux eaux-de-vie autres que de vin, étendu aux marchandises étrangères non prohibées arrivant dans les principaux ports, et régularisé à Strasbourg, Marseille, Cologne et Mayence.

Commerce du Levant.

Un entrepôt de dix-huit mois est accordé dans le port d'arrivée, aux marchandises provenant du commerce français au Levant. (*Loi du* 11 *nivose an* 3, *art.* 3.)

Commerce de l'Inde.

Les toiles rayées ou à carreaux et les guinées bleues du commerce français au-delà du cap de Bonne-Espérance, jouissent d'un entrepôt de cinq années; celui accordé aux autres marchandises du même commerce n'est que de deux années. (*Loi du* 6 *juillet* 1791, *art.* 13.)

Commerce du Sénégal et autres comptoirs de la côte d'Afrique.

Pour favoriser ce commerce, il pourra être reçu dans l'entrepôt réel les marchandises prohibées dites de traite, ci-après désignées; savoir : couteaux de traite, flacons de verre, rassades et autres verroteries, grosse quincaillerie, tabac de Brésil à fumer, toiles dites guinées, des bajutapaux, néganepaux et autres toiles à carreaux des Indes, cauris, fers de Suède, pipes de Hollande, platilles de Breslau, vases de cuisine venant de Saxe, barbuts, moques de faïence bariolée, poteries d'étain, rhum, tafia des colonies françaises ou de l'étranger, feverolles de Hollande, neptunes, bassins, chaudrons, baguettes, manilles, trompettes, cuivre rouge, clous de cuivre, verges rondes et barres plates, plomb de deux points, gros carton brun de 43 à 49 centimètr. sur 119 à 130 centim.; les bonnets de laine, grelots, clochettes en métal; les bayettes. (*Loi du 8 floréal an* 11, *art.* 24.)

Commerce des Colonies françaises.

On a ajouté à l'entrepôt dont jouissaient les bœufs, beurre, lard, saumons salés et chandelles importés de l'étranger pour ces colonies, celui des chaudières de cuivre à la même destination, le cuivre et les clous à doublage, en payant 6 fr. par 5 myriagr. au moment de l'expédition. (*Loi du 8 floréal an* 11, *art.* 27.)

Pour l'entrepôt des productions venant de ces colonies et de celles étrangeres. Voyez Denrées coloniales.

Entrepôt de Tabacs.

Les tabacs étrangers en feuilles jouissent de l'entrepôt dans les villes où il est établi et peuvent y rester dix-huit mois sans payer le droit d'entrée. Passé ce terme, il sera perçu. (*Loi du 5 ventose an* 12, *art.* 20.)

Les magasins doivent être sûrs, et, si les localités le permettent, sans communication avec d'autres bâtimens, sous la clef des préposés de l'administration des douanes et celle du propriétaire. La mutation d'entrepôt d'un port à un autre n'a lieu que dans le cas d'une nécessité bien reconnue, et sur l'autorisation du conseiller-d'état directeur-général des douanes.

Ces tabacs, avant d'être mis en entrepôt, doivent être vérifiés par les préposés et pesés en leur présence, aux frais des propriétaires; c'est sur ce poids net et effectif que le droit doit être perçu à la sortie de l'entrepôt. (*Loi du 8 floréal an* 11, *art.* 51.)

Entrepôt des eaux-de-vie autres que de vin.

Les eaux-de-vie de genièvre jouissent à Roscoff, Morlaix, Saint-Malo, Cherbourg, Fécamp, Dieppe, Boulogne, Calais et Gravelines, d'un an d'entrepôt, pendant lequel elles peuvent être réexportées à l'étranger, en exemption de tous droits. (*Loi du* 19 *octobre* 1791.)

Cet entrepôt a été étendu :

A Dunkerque, par *décision du* 18 *ventose an* 10;

A Ostende, par *celle du* 18 *germinal même année.*

Les rhums et les tafias sont aussi admis en entrepôt réel dans le port de Cherbourg. (*Loi du 8 floréal an* 11, *art.* 46.)

Le commerce doit fournir sur le port, à ses frais, des magasins convenables, sûrs, et réunis en un seul corps de bâtiment et enceinte; le plan du local sera présenté au gouvernement, pour être approuvé s'il y a lieu. (*Art.* 47.)

L'importation de ces rhums et tafias, et celle des eaux-de-vie de genièvre dont cette loi confirme l'entrepôt, ne peut être faite que par des bâtimens de 100 tonneaux et au-dessus. (*Art.* 48.)

Entrepôt des marchandises étrangères.

Un entrepôt réel des marchandises et denrées étrangères non prohibées a été établi dans les ports de Bayonne, Bordeaux, la Rochelle, Nantes, Lorient, Saint-Malo, Cherbourg, le Havre, Dunkerque, Ostende, Anvers, Marseille, Cette, Honfleur, Rouen, Bruges. (*Loi du 8 floréal an* 11, *art.* 23.)

Ces villes ne peuvent jouir de l'entrepôt qu'à la charge de fournir sur le port des magasins convenables, sûrs et réunis en un seul corps de bâtiment, pour y établir ledit entrepôt; à l'effet de quoi le plan du local sera présenté au gouvernement, qui, après avoir fait examiner s'il est propre à sa destination, l'y affectera, s'il y a lieu, par un arrêté spécial. (*Art.* 25.)

Entrepôt à Strasbourg.

Les marchandises étrangères non prohibées, importées par le pont du Rhin à la destination de Strasbourg, pourront y être entreposées. (*Loi du 8 floréal an* 11, *art.* 40.)

Il en est de même de celles arrivant à Strasbourg par le Rhin ou la rivière d'Ill. (*Art.* 41.)

La durée de l'entrepôt sera de six mois. (*Art.* 43.)

Les sucres têtes et terrés, cafés et cacao des colonies françaises, ainsi que les poivres qui jouissent d'une année d'entrepôt dans nos ports, peuvent, lorsqu'ils doivent sortir en transit par Strasbourg, être mis dans ledit entrepôt jusqu'à l'échéance de ladite année d'entrepôt. (*Art.* 53.)

Entrepôt à Marseille.

Il y aura un entrepôt de marchandises étrangères dans le port de Marseille. (*Loi du 8 floréal an* 11, *art.* 28.)

L'entrepôt sera réel, 1°. pour toutes les marchandises et denrées dont l'entrée est ou sera prohibée, ainsi que pour celles qui sont ou seront soumises au certificat d'origine; 2°. pour les marchandises manufacturées de toute espèce. (Les savons se trouvent compris sous cette dénomination.) Tabac en feuilles, poissons salés, vins, eaux-de-vie, liqueurs, huiles, sucres, cafés, indigo, cacao et toutes autres denrées coloniales venant de l'étranger. (*Art.* 29.)

L'entrepôt sera fictif pour toutes les marchandises et denrées dont l'entrée est permise, et qui ne seront pas désignées dans l'art. 29. (*Art.* 31.)

La durée de l'entrepôt réel ne pourra excéder le terme de deux ans. (*Art.* 33.)

Entrepôt sur les quais de Mayence et de Cologne, des marchandises transitant par le Rhin.

Pour ramener sur la rive gauche du Rhin le commerce infiniment important d'expédition et de transit de la Hollande en Suisse et en Allemagne par ce fleuve, et respectivement, il était indispensable de lui accorder sur les ports de Mayence et de Cologne, un local où les marchandises et denrées faisant l'objet de ce commerce, pussent sans déclaration, visite ou autre formalité, aborder, être déchargées, séjourner et être mises dans d'autres bateaux. C'est ce qui a été fait par des arrêtés du commissaire-général du gouvernement dans les départemens de la rive gauche, des 22 floréal et 22 prairial an 10, dont les dispositions ont été adoptées par arrêté des consuls, du 23 thermidor suivant.

Cette faveur avait été confirmée par l'art. 44 de la loi du 8 floréal an 11, portant qu'il y aura dans ces ports un entrepôt réel de marchandises et denrées étrangères prohibées et non prohibées; mais la disposition relative aux marchandises prohibées a été rapportée par l'art. 23 de la loi du 22 ventose an 12, confirmatif d'un arrêté du 7 thermidor an 11, et ainsi conçu : « Il ne sera reçu aucune marchandise prohibée dans les entrepôts de Mayence et de Cologne. »

Transit.

On nomme ainsi le passage sur le territoire français, d'une marchandise expédiée de l'étranger à l'étranger. Cette dénomination s'applique quelquefois, mais improprement, aux expéditions de France en France, par emprunt du territoire étranger.

Les marchandises du commerce français au Levant ont conservé la faculté de ce transit. (*Loi du* 11 *nivose an* 3, *art.* 3.)

Les laines étrangères non filées en jouissent. (*Loi du* 24 *nivose an* 5.)

Les marchandises étrangères non prohibées empruntant l'ancien département du Mont-Terrible, en jouissent également. (*Décret du* 26 *mars* 1793.)

Il en est de même des marchandises étrangères permises, à l'exception des toiles peintes, mousselines et tabacs en feuilles, en entrant par les bureaux de Bourg-Libre et de Strasbourg, et sortant par celui d'Oppenheim, et réciproquement. (*Loi du* 8 *floréal an* 11, *art.* 55.)

Il est accordé aux sucres têtes et terrés, cafés et cacao des colonies françaises, ainsi qu'aux poivres, pendant leur année d'entrepôt. (*Même loi, art.* 52.)

Ce transit ne peut s'effectuer que par les bureaux de Strasbourg, Bourg-Libre, Verrières-de-Joux, Versoix, Béhobie, Ainhoa, Cologne, Mayence, Verceil, Pozzolo et Jougnes. (*Art.* 53.)

Celles de ces denrées coloniales qui sortent par Strasbourg, peuvent y être entreposées. (V. Entrepot de Strasbourg.)

Transit ou péage sur le Rhin.

La perception de ce droit sur la partie française, a été confiée à l'administration des douanes, par arrêté du 14 thermidor an 8.

Son produit est affecté aux réparations des digues, chemins de hallage et autres travaux de navigation sur la rive gauche du Rhin. (*Art.* 3.)

Celui de l'an 10 s'est élevé, brut, à 455,318 fr., dont il faut déduire 57,119 fr. pour frais de régie; celui de l'an 11, à 465,116 fr. 92 cent. brut.

Droit de garantie sur l'argenterie importée de l'étranger.

Les ouvrages d'or et d'argent venant de l'étranger doivent, indépendamment du droit de douane, un droit particulier pour la garantie de leur titre. (*Loi du* 19 *brumaire an* 6, *art.* 23.)

Ce droit est fixé à 20 fr. par hectogramme d'or, et à 1 fr. par hectogramme d'argent. (*Art.* 2.)

Il est dû sur les vieux ouvrages, à moins qu'on ne consente à les briser au premier bureau des douanes, en présence des préposés. (*Lettre du ministre, du* 12 *prairial an* 7.)

Objets exempts du droit de garantie.

1°. Les ouvrages d'or et d'argent appartenant aux ambassadeurs et envoyés des puissances étrangères.

2°. Les bijoux d'or à l'usage personnel des voyageurs, et les ouvrages en argent servant également à leur personne, pourvu que le poids n'excède pas en totalité 5 hectogrammes. (*Loi du* 19 *brumaire, art.* 23.)

Restitution d'une partie du droit de garantie sur les ouvrages exportés.

Les ouvrages d'or et d'argent fabriqués en France, qui passent à l'étranger, jouissent du remboursement des deux tiers du droit de garantie qu'ils ont acquitté, pourvu que l'exportation ait lieu par les bureaux désignés. (*Art.* 25, 26 *et* 27.)

Les expéditions doivent être accompagnées d'une déclaration descriptive faite au bureau de garantie où le droit a été acquitté, certifiée par les préposés de ce bureau.

Ces déclarations et certificats, légalisés par les administrations municipales, et à Paris par les administrateurs des monnaies, sont présentés à la douane de sortie, où l'exportation est constatée par les receveurs et autres commis.

Le *visa* du directeur des douanes dans l'arrondissement duquel se trouve le bureau de sortie, et le sceau de l'administration complettent les formalités exigées pour le remboursement. (*Lettres du ministre, des 22 nivose et 22 germinal an 7.*)

Droit de fabrication sur le tabac.

Il continue d'être perçu, conformément à la loi du 29 floréal an 10, un droit de fabrication de 4 décimes par kilogramme, tant sur les feuilles étrangères que sur les feuilles indigènes employées à la fabrication du tabac. (*Loi du 5 ventose an 12, art. 18.*)

Ce droit est acquis sur les feuilles, soit étrangères, soit indigènes, au moment de leur entrée dans les fabriques, et il est payable par parties égales, en traites ou obligations suffisamment cautionnées, à trois, six, neuf et douze mois de terme. (*Art. 22.*)

Il est fait restitution de ce droit aux tabacs de fabriques nationales, tant en poudre qu'en carotte, qui sont exportés à l'étranger. (*Art. 29.*)

Les tabacs fabriqués destinés à l'exportation, ne peuvent sortir des fabriques qu'après une déclaration faite aux préposés de la régie, et munis d'un acquit-à-caution qui doit être déchargé au bureau de la douane par lequel la sortie a lieu. (*Art. 30.*)

Sur la représentation de cet acquit-à-caution déchargé, la restitution du droit s'effectue par le bureau de la régie des droits réunis qui a perçu les droits de fabrication dans la même fabrique d'où l'expédition du tabac exporté a été faite. (*Même article.*)

Droit additionnel d'un décime par franc.

Il a été établi par l'article 1er. de la loi du 6 prairial an 7, et ce décime est actuellement perçu en vertu de l'article 102 de la loi du 5 ventose an 12, qui porte que les contributions indirectes perçues en l'an 12 sont prorogées pour l'an 13.

Timbre des expéditions et des pétitions ou mémoires.

Le prix du timbre de chaque expédition de douane doit être remboursé. (*Loi du 22 août 1791, titre 1er., art. 7.*)

Ainsi le timbre des acquits de paiement délivrés pour des droits excédant 10 fr. en principal, doit être payé par le redevable en sus des droits de douane ou de navigation, attendu que l'art. 16 de la loi du 13 brumaire an 7, portant fixation des droits de timbre, n'excepte que les quittances de 10 fr. et au-dessous.

L'expéditeur doit également le timbre des acquits-à-caution et des passavans. La loi portant qu'il n'y aura d'exceptions que celles qu'elle exprimera nommément, et l'art. 16 qui désigne les actes non-soumis à la formalité du timbre ne comprenant pas ceux-ci, on vient d'excepter les passavans délivrés pour le transport et la circulation des denrées dans les deux myriamètres des frontières, ainsi que les acquits-à-caution délivrés pour la circulation des grains, et les certificats des maires et adjoints, relatifs au transport desdits grains. (*Loi du 22 ventose an 12, art. 24.*)

Par le même principe, on doit faire timbrer les actes de francisation, congés et passe-ports.

Le droit de timbre de ces diverses expéditions est soumis à la subvention d'un décime par franc, et le fort denier est au profit du trésor public. (*Décision du ministre, du 2 messidor an 7.*)

Les pétitions et mémoires, même en forme de lettres, qui sont adressés à l'administration des douanes par d'autres que ses employés, ou par des particuliers qui ne sont pas fonctionnaires, doivent être timbrés. (*Art. 12.*)

Il en est de même de ceux qu'on adresse à ses directeurs dans les départemens.

Les pétitions et mémoires qui ne sont pas timbrés, restent sans réponse.

Le prix du timbre est fixé d'après la dimension du papier sur lequel il est apposé, ainsi qu'il suit. (*Art. 8.*)

La feuille de grand registre paie......	1fr.	50c.
Celle de grand papier..............	1	
Celle de moyen papier..............		75
Celle de petit papier................		50
Et la demi-feuille de ce petit papier....		25

Il n'y a point de droit de timbre supérieur à 1 fr. 50 c., ni inférieur à 25 c., quelle que soit la dimension du papier, soit au-dessus de grand registre, soit au-dessous de la demi-feuille de petit papier. (*Même article.*)

Dispositions pénales devenues indispensables pour contenir les agens secondaires de la fraude et les en éloigner.

Tout individu surpris au moment où il introduit des marchandises prohibées ou en fraude des droits, des toiles de fil et coton, des toiles de coton et mousselines, des cotons filés, des tabacs en feuilles et des denrées coloniales, sera condamné, pour la première fois, à six mois de prison, et pour la seconde à un an.

Les contrebandiers à main armée continueront à être jugés par le tribunal spécial, conformément aux dispositions de la loi du 13 floréal an 11. (*Loi du 22 ventose an 12, art. 26.*)

IMPORTATIONS EN L'AN XI,

En Cafés, Sucres, Tabacs, Toiles de coton blanches, Toiles peintes et Mousselines.

			kilogram.	kilogram.
Cafés		des colonies françaises	7,165,486	11,437,071
		de l'étranger	4,271,585	
Sucres	brut	des colonies françaises	3,697,224	17,296,763
		de l'étranger	13,599,539	
	terré	des colonies françaises	5,706,173	7,960,858
		de l'étranger	2,254,685	
	rafiné	des colonies françaises	5,568	2,294,753
		de l'étranger	2,289,185	
Tabacs		par bâtimens français	4,717,718	7,580,370
		par navires étrangers	2,862,652	
Toiles de coton blanches				2,421,862
Toiles peintes				286,089
Mousselines		unies		92,245
		brochées		32,307

IMPORTATIONS PENDANT LES SEPT PREMIERS MOIS DE L'AN 12,

En Cafés, Sucres et Tabacs.

			kilogram.	kilogram.
Cafés		des colonies françaises	2,722,100	4,695,000
		de l'étranger	1,972,900	
Sucres	brut	des colonies françaises	1,367,200	5,032,700
		de l'étranger	3,665,500	
	terré	des colonies françaises	2,744,400	4,612,500
		de l'étranger	1,868,100	
Tabacs		par bâtimens français	2,138,200	6,087,900
		par bâtimens étrangers	3,949,700	

En Toiles de coton et Toiles peintes, avant l'exécution de l'arrêté du 6 *brumaire.*

			kilogram.	kilogram
Toiles de coton blanches		des Indes, par navires français	6,916	349,260
		de l'étranger	342,344	
Toiles peintes		des Indes, par navires français	103	120,675
		de l'étranger	120,572	
Mousselines	unies	des Indes, par navires français	1,660	19,569
		de l'étranger	17,909	
	brodées	des Indes, par navires français	16	6,067
		de l'étranger	6,051	

En Coton filé, Toiles de coton et Toiles peintes, depuis cette époque.

Cotons filés	Numéros	30 et au-dessous	2,000	6,540
	Idem	31 à 60	3,000	
	Idem	61 à 100	1,400	
	Idem	101 et au-dessus	140	
			mètres.	mètres carrés.
Toiles de cotons blanches		de l'Inde	6,700	4,558,700
		de l'étranger	4,552,000	
Toiles peintes		de l'Inde	200	13,700
		de l'étranger	13,500	
Moussselines		unies	8,200	23,800
		brodées	15,600	

MINISTÈRE DES FINANCES, QUANT AUX DOUANES.

L'exécution des lois et des arrêtés du gouvernement sur les douanes, est exclusivement attribuée au ministère des finances, et le directeur-général des douanes n'aura de travail qu'avec ce ministre. Le ministre de l'intérieur soumettra néanmoins au gouvernement les vues d'amélioration que l'intérêt du commerce intérieur et extérieur lui paraîtra exiger. (*Arrêté des Consuls du 28 ventose an 12.*)

D'après cette disposition, toute demande formée relativement à l'exécution des lois et arrêtés sur les douanes, doit être adressée à son excellence le ministre des finances ou au conseiller-d'état directeur-général, pour les lui soumettre avec ses observations.

Le premier commis du ministère des finances, pour la partie des douanes, est M. Anthoine.

Nota. Nous croyons devoir répéter que la lettre A signifie la loi du 9 floréal an 7; B, celle du 8 floréal an 11; C, celle du 22 ventose an 12.

Quand, dans le cours du présent ouvrage, on cite une décision, il est entendu qu'elle émane du ministre des finances.

S'il s'agit d'une circulaire postérieure au 1er. vendémiaire an 10, elle est du conseiller-d'état directeur-général.

ADDITIONS.

Le port de Gand ne jouissant que de l'entrepôt colonial, n'est point ouvert à l'entrée des toiles et fils de coton. (*Lettre du directeur-général, du 19 floréal an 12.*)

Armes de calibre, dans quelque état qu'elles soient, quelques ornemens qu'elles aient reçus, ne peuvent sortir. (*Avis du ministre de la guerre, transmis par circulaire du 6 prairial an 12.*)

ERRATA.

Ouvrages en fer et acier, l'entrée en a été prohibée par la loi du 10 brumaire an 5; celle du 19 pluviose suivant n'a excepté que les objets compris dans la classe de la Mercerie commune, les Armes de guerre, les Instrumens aratoires et les outils pour les arts et métiers. On le voit page 23, 1re. colonne. Voyez encore Fers ouvrés, page 12, 1re. colonne, ligne 7.

C'est donc par erreur que page 19, 2e. colonne, lignes 12 et 14, on comprend parmi les articles de quincaillerie qui peuvent être importés, *les Fléaux de balance et autres gros ouvrages de quincaillerie en fer*; ainsi rayez ces mots.

ADMINISTRATION GÉNÉRALE DES DOUANES.

MM.

COLLIN, conseiller-d'état directeur-général, hôtel d'Uzès, rue Montmartre.

MAGNIEN, hôtel d'Uzès et rue de Clichy, No. 22.

CHASLON, rue de Caumartin, No. 31.

DELAPIERRE, rue Bergère, No. 1003.

DUBOIS, rue Neuve-du-Luxembourg, No. 158.

M. DELAVIGERIE, secrétaire-général, rue Saint-Honoré, No. 9, près celle Saint-Florentin.

Commissaires du gouvernement près le ministre de l'intérieur, pour la vérification des marchandises, relativement aux prohibitions et aux droits.

M. ALARD, rue de l'Union, No. 6.

M. BARDEL, rue Mêlée, No. 85.

Conseil général de commerce établi par arrêté du 3 nivose an 11.

Membres du conseil, par ordre alphabétique des villes par lesquelles ils ont été présentés.

Amiens, M. Massey; Anvers, M. Simons (Michel); Bayonne, M. Cabarrus (Pierre-Etienne); Bordeaux, M. Gramont; Carcassonne, M. Thoron-d'Onfroy; Dunkerque, M. Emmery; le Havre, M. Foache (Stanislas); Lyon, M. Couderc père; Marseille, M. Audibert (Dominique); Rouen, M. Defontenay (Alexandre); Strasbourg, M. Turckheim (Frédéric).

Secrétaire près le conseil, M. Bertrand; chefs de bureaux, MM. Degerando, secrétaire-général de la société d'encouragement pour l'industrie nationale; Desprès et Isnard.

Les bureaux sont au ministère de l'intérieur, où le conseil s'assemble.

ÉTAT, *par ordre topographique, des trois cent seize bureaux de la première division des Douanes, avec indication des appointemens des Employés de ceux desdits bureaux qui sont composés de plus de deux Commis.*

Don. D'ANVERS. (40 bureaux.)

Principalité de Sas-de-Gand.

1re. ligne sur l'Escaut. L'Ecluse, receveur, 1,500 fr.; visiteur, 1,000 fr.; commis, 800 fr. — Ardembourg. — Cassandria. — Breskens. — Hoofplaaten. — Biervliet. — Philippine.

2e. ligne. Sas-de-Gand, receveur, 2,000 fr.; *idem* aux déclarations, 1,500 fr.; visiteur, 1,500 fr.; *idem* 1,400 fr.; commis, 1,100 fr.; *idem*, 1,000 fr. — Oostbourg. — Caprycke. — Ertwelden.

Principalité d'Hulst.

1re. ligne sur l'Escaut. — Axel. — Terneusen. — Zaamslaag. — Hulst, receveur, 1,600 fr.; visiteur, 1,200 fr.; commis, 1,000 fr.; *idem*, 900 fr. — Welzoorden. — Kildrecht. — Doel.

2e. ligne. Morbecke. — Saint-Gilles.

Principalité d'Anvers.

Anvers, receveur, 5,000 fr.; contrôleur des visites, 3,400 fr.; commis principal à la navigation, 3,000 fr.; deux contrôleurs aux entrepôts à 3,000 fr., trois receveurs aux déclarat. à 2,000 fr., un à 1,900 f.; *idem*, 1,800 fr.; trois visiteurs à 2,000 fr., deux à 1,900 fr., deux à 1,800 fr., trois à 1,700 fr., deux commis à 1,700 fr., deux à 1,600 fr., un à 1,500 fr.; *idem*, 1,400 fr.; *idem*, 1,100 fr.; *idem*, 1,000 fr.; trois aides-visiteurs à 1,200 fr.; commis de recette, 1,500 fr.; *idem*, 1,000 fr.

Receveur des minuties, 1,000 fr.; visiteur, 900 f.; commis, 800 fr.

2e. ligne. Saint-Antoine.

Principalité de West-Wesel.

Sandvliet. — Putte. — Achterbroeck. — West-Wesel, receveur, 1,400 fr.; visiteur, 1,100 fr; commis, 900 fr. — Meersel. — Hoogstraaten. — Bar-le-Duc. — Poppel.

Principalité de Turnhout.

1re. ligne. Turnhout, receveur, 1,500 fr.; visiteur, 1,000 fr.; commis, 800 fr. — Arendonck. — Postel. — Baëlen.

2e. ligne. Gierlé. — Casterlé. — Gheel.

Gand, douane d'entrepôt, receveur, 2,200 fr.; visiteur, 1,600 fr.; *idem*, 1,400 fr.

Don. DE CLEVES. (71 bureaux.)

Principalité de Wéert, en 1ere. ligne.

Kerkoven. — Holvenne. Néerpelt. — Achel. — Hamont. — Loussen. — Wéert, receveur, 1,800 fr.; visiteur, 1,200 fr.; commis, 1,000 fr. — Bossooven. — Hussooven. — Nederwéert.

Principalité de Meuven, en 2e. ligne.

Tessenderlo. — Beringen. — Pael. — Helecteren. — Meuven. — Grotroy. — Tongerloo. — Neerjtteren. — Beyden.

Principalité de Venloo.

1re. ligne. Meyel. — Helden. — Bray. — Horst. — Les Hayes. — Venraye. — Meersel. — Geesteren.

2e. ligne. Ruremonde. — Le Rœver. — Stael. — Venloo, receveur, 1,800 fr.; visiteur, 1,200 fr.; commis, 1,000 fr. — Arcen. — Gueldres.

Principalité de Cranembourg.

1re. ligne. Well, receveur, 1,400 fr; visiteur, 1,100 fr.; commis, 1,000 fr. — Berghen. — Afferden. — Heyden. — Gennep. — Mook. — Grasweg. — Cranembourg, receveur, 1,800 francs; visiteur, 1,200 fr.; commis, 1,000 f. — Zephelick — Kekerdom.

2e. ligne. Kevelaer. — Goch.

Principalité de Clèves.

1re. ligne. Bimem. — l'Ecluse. — Griethuysen. — Hurindick. — Griet. — Neermorenter. — Winem. — Beck.

2e. ligne. Clèves, receveur, 2,400 fr.; visiteur, 1,400 fr.; commis, 1,200 fr. — Calcar. — Santen.

Principalité de Mœurs.

1re. ligne. Genderick. — Burick, receveur, 1,400 fr.; visiteur, 1,000 fr.; commis, 900 fr. — Ossemberg. — Rhinberg. — Orsoy. — Baerl. — Homberg. — Essemberg. — Emmerick. — Fremersheim.

2e. ligne. Mœurs, receveur, 1,800 fr.; visiteur,

1,200 fr.; commis, 1,000 fr. — Neukirken. — Schaffhausen. — Kempen. — Oëd.

Don. DE COLOGNE. (52 bureaux.)

Principalité de Neuss.

1re. ligne sur le Rhin. Urdingen, receveur, 1,200 f.; visiteur, 900 fr.; commis, 700 fr. — Langst. — Herds. — Obercassel. — NEUSS, receveur, 3,600 fr.; visiteur, 1700 fr.; *idem*, 1,400 fr.; commis, 1,000 f.; *idem*, 800 fr.; *idem*, 600 fr. — Grimlinghausen, receveur, 1,500 fr.; visiteur, 1,200 fr.; *idem*, 1,000 fr. — Stéorselberg. — Zons. — Dormagen.

2e. ligne. Crevelt. — Worst. — Niersen. — Gladbach. — Rheidt. — Neukirken. — Jalzveilers. — Kaster. — Wevelinghoven.

Principalité de Cologne.

1re. ligne sur le Rhin. Worringen. — Rhin-Cassel. — Niehls. — COLOGNE, receveur, 5,000 fr.; contrôleur des visites, 2,800 fr.; deux receveurs aux déclarations, à 2,000 fr.; deux visiteurs à 2,000 fr.; un à 1,800 fr.; deux à 1,700 fr.; un à 1,500 fr.; trois commis à 1,500 fr.; un à 1,400 fr.; *idem*, 1,200 fr.; *idem*, 1,000 fr.; *idem*, 800 fr.; commis de recette, 1,500 fr.; *idem*, 700 fr. — Suirdt. — Wiessling.

2e. ligne. Betburg. — Quadrath. — Mutheralh. — Lechenich. — Ahrem.

Principalité de Bonn.

1re. ligne sur le Rhin. Hersel. — BONN, receveur, 2,200 fr.; visiteur, 1,600 fr.; *idem*, 1,500 fr.; commis, 1,400 fr. — Godesberg. — Milheim. — Oberwinter. — Reimagen. — Zinzig.

2e. ligne. Frissem. — Grosbulessem. — Rhinbach. — Aldenarh.

Principalité de Coblentz.

1re. ligne sur le Rhin. Brissich. — Andernach. — Weissenturn. — Saint-Sébastien. — Warscheim. — COBLENTZ, receveur, 4,000 fr.; receveur aux déclarations, 1,800 fr.; visiteur, 1,800 fr.; deux *idem* à 1,600 fr.; commis, 1,500 fr.; *idem*, 1,200 fr.; *idem* 1,000 fr.; commis de recette, 1,200 fr. — Rées.

2e. ligne. Kempenich. — Mayen. — Polich. — Mosellekern. — Ley.

Don. DE MAYENCE. (55 bureaux.)

Principalité de Boppart, sur le Rhin.

Oberspey. — BOPPART, receveur, 2,200 fr.; visiteur, 1,600 fr.; commis, 1,200 fr. — Saint-Goar. — Oberwesel.

Principalité de Bingen, sur le Rhin.

Baccarach. — Heiebach. — BINGEN., receveur, 2,600 fr.; visiteur, 1,800 fr.; *idem*, 1,600 fr.; commis, 800 fr. — Galsheim. — Weinheim. — Heydesheim. — Budenheim.

Principalité de Mayence, sur le Rhin.

1re. ligne. MAYENCE, receveur, 4,500 fr.; contrôleur des visites, 3,000 fr.; receveur aux déclarations, 2,400 fr.; visiteur, 2,200 fr.; deux *idem* à 1,900 fr.; un à 1,600 fr.; commis, 1,600 fr.; deux à 1,500 fr.; un à 1,200 fr.; *idem*, 1,100 fr.; *idem*, 800 fr.; commis de recette, 1,500 fr.; receveur des minuties, 1,800 fr.; visiteur, 1,400 fr. — Weissenau.

Principalité de Creutznach, 2e. ligne.

Langenlonsheim. — Castellanne. — Simmeren. — Ingelheim. — Winterburg. — Weinsheim. — CREUTZNACH, receveur, 1,800 fr.; visiteur, 1,200 fr.; commis, 900 fr. — Wilstein. — Arnesheim.

Principalité de Worms, sur le Rhin.

Nierstein. — Oppenheim, receveur, 2,000 fr.; visiteur, 1,500 fr.; commis, 1,200 fr. — Gundersblum. — Eich. — Hamm. — Rhinturkheim. — WORMS, receveur, 3,000 fr.; visiteur, 1,800 fr.; *idem*, 1,600 fr.; commis, 1,400 fr.; *idem*, 1,200 f. — Franckenthal.

Principalité de Spire, sur le Rhin.

Friesenheim. — Oggersheim. — Mundenheim. — Neuhoffen. — Otterstadt. — SPIRE, receveur, 2,400 f.; visiteur, 1,800 fr.; commis, 1,400 fr. — Mechtersheim. — Lingenfeld.

Principalité d'Alzey, 2e. ligne.

Enzheim. — ALZEY, receveur, 2,200 fr.; visiteur, 1,500 fr.; commis, 1,200 fr. — Oberstersheim. — Dalsheim. — Mundsheim. — Grosbockenheim. — Grundstadt. Kirckheim.

Principalité de Durckheim, 2e. ligne.

Kahlstadt. — DURCKHEIM, receveur 2,600 fr.; visiteur, 1,800 fr.; *idem* 1,600 fr.; commis, 1,400 fr. — Wachenheim. — Deidesheim. — Neustadt. — Didesfeldt. — Edenkoben. — Rochebach.

Don. DE STRASBOURG. (58 bureaux.)

Principalité de Lauterbourg.

1re. ligne sur ou près du Rhin. Guermersheim. — Hœrdt. — Leimersheim. — Wœrth. — Neubourg. — LAUTERBOURG, receveur, 2,400 francs; visiteur, 1,600 fr.; commis, 1,400 fr. — Munickhausen. — Seltz. — Neuheusel.

2e. ligne. Landau. — Schweighoffen. — Alstatt. Rittershoffen. — Haguenau.

Principalité de Strasbourg.

1re. ligne, sur ou près du Rhin. Reschwog. — Drusenheim. — Offendorff. — la Wantzenau. — Pont-du-Rhin, receveur, 2,000 fr.; visiteur, 1,600 fr.; commis, 1,400 fr.; *idem*, 1,200. — Strasbourg, receveur, 4,000 fr.; contrôleur des visites, 2,500 f.; contrôleur aux entrepôts, 2,400 fr.; receveur aux déclarations, 2,000 fr.; visiteur, 2,000 fr.; trois *idem* à 1,850 fr.; commis, 1,800 fr.; deux *idem* à 1,600 f.; commis de recette, 1,500 fr.

2e. ligne. Brumath. — Schnersheim. — Wirdickheim. — Egersheim. — Altdorff.

Principalité de l'Isle-de-Paille.

1re. ligne. Krafft. — Rhinau. — Schœnau. — Marckolsheim. — Artzheim. — L'Isle-de-Paille, receveur, 2,600 fr.; visiteur, 1,600 fr.; commis, 1,400 fr. — Schalampé.

2e. ligne. Niderenheim. — Benfeld. — Schélestatt. Ilheusseren. — Horbourg. — Sainte-Croix. — Ensisheim.

Principalité de Bourg-Libre.

1re. ligne. Huningue. — Bourg-Libre, receveur, 5,000 fr.; *idem* aux déclarations, 2,000 fr.; visiteur, 2,000 f.; trois à 1,850 f.; commis, 1,800 f., 1,600 f., 1,400 fr.; commis de recette, 1,500 fr. — Bourgfeldt, receveur, 2,600 fr.; visiteur, 1,850 fr.; commis, 1,400 fr. — Hegenheim. — Alschwiller. — Oberwiller. — Rheinach.

2e. ligne. Mulhausen. — Dagsdorff. — Ferrette.

Principalité de Délemont.

1re. ligne. Lauffon. — Brislach. — Délemont, receveur, 2,000 fr.; visiteur, 1,200 fr.; commis, 1,000 fr.; Montsevilliers. — Mervilliers. — Wermes. Crémines. — Court.

2e. ligne. Cornol.

Dcn. DE BESANÇON. (40 bureaux.)

Principalité de Bienne.

1re. ligne. Perle. — Bienne, receveur, 2,000 fr.; visiteur, 1,400 fr.; commis, 1,000 fr. — Laneuveville. — Nods (Haut-Rhin). — Les Pontains. — Renans. — Lacibourg.

2e. ligne. Montfaucon. — Bellelay.

Principalité de Flangebouche.

1re. ligne. Blanche-Roche. — Levillers. — Les Sarasins. — Les Gras.

2e. ligne. Saint-Gorgon. — Nods (Doubs). — Morteau. — Flangebouche. — Painbois. — Saint-Hippolyte. — Vaucluse. — Lesplains.

Principalité de Pontarlier.

1re. ligne. Les Allemands. — Verrières de Joux, receveur, 2,600 fr.; visiteur, 1,700 fr.; *idem*, 1,450 fr.; commis, 1,300 fr. — Les Fourgs. — Jougne, receveur, 2,000 fr.; visiteur, 1,550 fr.; *idem* 1,350. — Rochejean. — Mouthe. — Chauxneuve.

2e. ligne. Bonnevaux. — Pontarlier, receveur, 2,000 fr.; visiteur, 1,300 fr.; commis, 1,000 fr. — Sombaccourt. — Chaffois. — Lalatelle.

Principalité de Morez.

1re. ligne. Bois-d'Amont. — Lacure.

2e. ligne. Les Planches. — Morillon. — Chaux du Dombief. — Morez, receveur, 1,800 fr.; visiteur, 1,250 fr.; commis, 850 fr. — Saint-Claude.

TABLE DES MATIÈRES.

OMISSIONS.

Page 21, 1re. colonne, après *Toile préparée*, **mettez**: Toile de coton brochée ou brodée. (comme Mousseline unie.)

Page 25, 1re. colonne, après l'article *Bœufs*, **mettez**: Bois merrain.

Page 34, 2e colonne, à Coton, au lieu de 2 fr., mettez : 1 fr.

Tarif de l'Inde, page 35, après Basins, mettez : Salpêtre. *(Loi du 13 fructidor an 5)* : ajoutez, ceux admis pour les fabricans, aux termes de l'arrêté du 27 pluviose an 8, cité au bas de la page 23, 2e. colonne, payent par quintal métrique le droit de 6 fr. 12 cent. imposé par la loi du 1er. août 1792.

Page 36, après Squine, **mettez**: Sucre candi, prohibé comme Sucre raffiné. *(Loi du 22 ventose an 12.)*

Même page, à Soie teinte, **au lieu de** 1 fr. 2 c., mettez : 3 fr. 6 cent.

Même page, à Tamarin, **au lieu de** 1 fr. 53 c., mettez : 1 fr. 55 cent.

Page 44, 1re. colonne, avant l'*errata*, **mettez**: Nice, ouvert à l'entrée des tabacs. (*Arrêté du 15 floréal an 12.*)

La liberté de sortie des grains, accordée par le décret impérial du 25 prairial dernier, n'entraîne pas celle des légumes secs, pommes-de-terre, châtaignes, marrons et autres similaires; elle n'affranchit point des formalités prescrites à la circulation et au cabotage: les choses restent *in statu quo* jusqu'à nouvel ordre.

Le Ministre de l'intérieur lève la suspension de sortie des amidons et poudre à poudrer, mais se réserve de statuer sur les demandes de permis qui lui seront faites. (*Lettre au Direct.-géner. du* 30 *prairial an* 12.).

Les certificats des autorités locales à défaut de commissaires français sont admis pour toute marchandise non spécialement prohibée. (*Décis. du Ministre de l'intérieur, du* 24 *prairial an* 12.)

www.ingramcontent.com/pod-product-compliance
Ingram Content Group UK Ltd.
Pitfield, Milton Keynes, MK11 3LW, UK
UKHW032005260826
14628UKWH00005B/2284

9 782329 344362